2024 | 서울교통공사 | NCS

고시넷
공기업

서울교통공사 NCS 기출예상모의고사

8회

정답과 해설

gosinet
(주)고시넷

스마트폰에서 검색 **고시넷**

고시넷 공기업

모듈형/피듈형 NCS 베스트셀러

350여 공공기관
및 출제사
최신 출제유형

NCS 완전정복 초록이 시리즈

산인공 모듈형 + 응용모듈형
필수이론, 기출문제 유형

고시넷 NCS
초록이 ① 통합기본서

고시넷 NCS
초록이 ② 통합문제집

2024 | 서울교통공사 | NCS

고시넷
공기업

서울교통공사 NCS

기출예상모의고사

8회

정답과 해설

gosinet
(주)고시넷

정답과 해설

1회 기출예상문제

문제 24쪽

01	④	02	⑤	03	⑤	04	③	05	③
06	①	07	③	08	⑤	09	⑤	10	④
11	⑤	12	③	13	①	14	④	15	②
16	⑤	17	③	18	②	19	③	20	②
21	④	22	②	23	⑤	24	⑤	25	④
26	⑤	27	⑤	28	③	29	④	30	②
31	④	32	③	33	⑤	34	②	35	③
36	②	37	④	38	①	39	③	40	⑤

01 문서이해능력 글의 내용 파악하기

| 정답 | ④

| 해설 | 제시된 글에는 연구를 통하여 탄소중립과 새로운 모빌리티 환경에 대비하여 철도교통의 경쟁력과 발전방향 및 전략을 도출한다는 내용은 밝혀져 있으나, 이런 연구의 결과로 어떠한 효과를 기대할 수 있는지는 밝히고 있지 않다.

| 오답풀이 |

① 첫 번째 문단에서 4차 산업혁명으로 새로운 디지털화된 기술들이 개발되며 수송부문에서도 새로운 모빌리티 교통수단이 등장하고 있다며, 그에 따른 교통의 패러다임이 변화되는 미래에 철도교통이 어떤 방향으로 발전해야 할지에 관한 선도적인 계획과 전략이 필요한 시점이라며 연구의 배경을 밝히고 있다.

② 두 번째 문단의 첫 번째 문장에서 연구의 목적을 제시하고 있다.

③, ⑤ 두 번째, 세 번째 문단에서 화물교통을 제외한 여객교통에 한하여 세 가지 목표에 따라 철도교통의 역할 규명, 경쟁력과 발전방향 및 전략 도출의 내용을 메가트렌드 분석과 텍스트 마이닝, 델파이조사 등의 방법으로 고찰하고 조사했다고 밝히고 있다.

02 문서이해능력 필자의 주장 파악하기

| 정답 | ⑤

| 해설 | 두 번째 문단에서 탄소중립은 전 세계적으로 참여하는 중요한 국제협약이라고 하였으나, 우리나라가 탄소중립을 위한 국제협약에 가입해야 한다고 제시하고 있지는 않다. 오히려 「탄소중립 · 녹색성장 기본법」과 탄소중립 중간 및 최종 목표를 통해 우리나라도 이미 탄소중립 관련 국제협약에 가입되어 있음을 추측할 수 있다.

| 오답풀이 |

① 첫 번째 문단에서 탄소중립 실현과 그 노력을 위해 철도 이용자, 운영자 등에게 실시간으로 온실가스 배출량을 제시할 것을 제안하였다.

② 두 번째 문단에서 온실가스 배출량 목표치 달성을 위한 방법 중 하나로 수송체계 변화에 따른 온실가스 배출량을 모니터링해야 한다고 하였다.

③ 두 번째 문단 마지막 줄에 제시되어 있다.

④ 세 번째 문단에서 모빌리티 교통수단이 철도교통을 보조하는 환경을 마련하기 위해 국내에서 모빌리티 통합 서비스 구축 환경을 마련해야 한다고 하였다.

03 문서이해능력 글의 흐름에 따라 문단 배열하기

| 정답 | ⑤

| 해설 | 먼저 각 문단의 중심내용을 파악하여 연구보고서의 제2 ~ 5장 중 어느 것에 해당하는 내용인지 파악한다.

(가) 모빌리티 교통수단의 등장이 철도교통의 위상에 어떠한 변화를 미칠 것인지를 진단하였다는 내용이므로 제4장 중에서도 제3절의 '모빌리티 전환 대비 철도교통의 위상'에 해당한다.

(나) 미래 보고서를 통해 미래 철도교통 구상안을 고찰하고 철도교통의 발전방향과 그에 따른 발전전략 추진체계를 제시하였다고 언급하므로 제5장에 해당한다.

(다) 철도교통의 대외적인 여건 변화를 검토하였음을 언급하며, 미래 사회의 여건 진단에는 탄소중립과 모빌리티 전환이 내포되어 있다고 하였으므로 제2장에 해당한다.

(라) 본 장에서 탄소중립 시대에 대표적인 친환경수단인 철도교통의 역할을 진단하며 국가수송체계 안에서 수송분담률에 따른 온실가스 배출량과 탄소중립 목표치에 적정한 철도교통 수송분담률을 제시하였다고 언급하므로 제3장에 해당한다.

따라서 차례의 순서에 따라 (다)－(라)－(가)－(나) 순이 적절하다.

04 문서작성능력 순화어 이해하기

| 정답 | ③

| 해설 | 신호모진의 순화어는 '신호위반'으로, 열차가 신호기의 정지 신호를 무시하고 신호기를 지나쳐 운전하는 행위를 의미한다.

| 오답풀이 |

① '운행중지'는 열차의 운행을 일시 중지하는 것이다.

② '빠른 출발'은 열차가 정거장에서 계획된 출발시작보다 미리 출발하는 것을 의미한다.

④ '승강장 대기실'은 승객이 타고 내리는 승강장에 더위, 추위를 피하기 위하여 설치한 대기공간이다. 대합실은 '맞이방' 혹은 '대기실'로 순화되어 쓰이고 있다.

⑤ '차량정리'는 차량을 분리, 연결, 교환하는 차량 정리 작업이다.

05 기초연산능력 수의 규칙 찾기

| 정답 | ③

| 해설 | 제시된 수열을 a_n이라 할 때, 수열의 계차를 계산하면 다음과 같다.

$7-5=2$ $12-7=5$

$20-12=8$ $31-20=11$

a_n의 계차들은 공차 3인 등차수열을 이루고 있다. 이 계차수열을 b_n이라 하고 식을 구하면 $b_n=2+(n-1)\times3=3n-1$이 된다. 따라서 b_n의 일반항을 가지고 수열 a_n을 구하면 다음과 같다.

$$a_n=a_1+\sum_{k=1}^{n-1}b_k=5+\sum_{k=1}^{n-1}(3k-1)$$

$$=5+3\times\frac{n(n-1)}{2}-(n-1)$$

$$=5+\frac{3n^2-3n}{2}-n+1$$

$$=\frac{3n^2-5n+12}{2}$$

이때 20번째에 오는 숫자 a_{20}을 구하는 식은 다음과 같다.

$$\frac{3\times20^2-5\times20+12}{2}=\frac{1,200-100+12}{2}=556$$

따라서 20번째에 오는 숫자는 556이다.

06 도표분석능력 자료의 수치 분석하기

| 정답 | ①

| 해설 | 운영기관별 20X2년 대비 20X6년의 이용객 증감률은 다음과 같다.

- 서울교통공사 : $\frac{1,352-1,748}{1,784}\times100 ≒ -22.7(\%)$
- 부산교통공사 : $\frac{262-332}{332}\times100 ≒ -21.1(\%)$
- 대구도시철도공사 : $\frac{134-167}{167}\times100 ≒ -19.8(\%)$
- 인천교통공사 : $\frac{94-110}{110}\times100 ≒ -14.5(\%)$
- 대전교통공사 : $\frac{31-36}{36}\times100 ≒ -13.9(\%)$

따라서 절댓값이 가장 큰 서울교통공사의 증감률이 가장 크다.

| 오답풀이 |

② 운영기관별 지하철 이용객 수가 두 번째로 적은 해는 모두 20X6년으로 일치한다.

③ 5개 운영기관 모두 지하철 이용객 수가 전년도 대비 20X5년에 가장 큰 변화를 보였다.

④ 전년 대비 20X5년 대전교통공사의 지하철 이용객 수는 $\frac{172-118}{172}\times100 ≒ 31.4(\%)$ 감소하였다.

⑤ 전년 대비 20X6년 인천교통공사 지하철 이용객 수의 증감률은 $\frac{94-87}{87}\times100 ≒ 8.0(\%)$이다. 따라서 20X7년에 동일한 증감률을 보인다면 20X7년 지하철 이용객 수는 94×1.08=101.52(백만 명), 즉 1억 152만 명이 된다.

07 도표분석능력 자료의 수치 계산하기

| 정답 | ③

| 해설 | 부산교통공사와 대전교통공사의 20X2 ~ 20X4년 지하철 이용객 수의 평균을 구하여 합하면

$$\frac{332+318+345}{3}+\frac{36+40+42}{3}=\frac{995+118}{3}=371$$

(백만 명), 즉 3억 7,100만 명이다.

08 도표분석능력 건전지의 지속 시간 구하기

| 정답 | ⑤

| 해설 | 45,000원 내에서 각 종류별 건전지를 몇 개 구입할 수 있는지 구하고 최대 개수에 개당 지속 시간을 곱하여 스톱워치의 최대 지속 시간을 구하면 다음과 같다.

건전지 종류	A	B	C	D
1개당 가격	25,000원	12,500원	10,000원	13,000원
예산 내 최대 개수	1개	3개	4개	3개
개당 스톱워치 지속 시간	25시간	6시간	4시간	10시간
스톱워치 최대 지속 시간	25시간	18시간	16시간	30시간

따라서 최대 지속 시간에 따라 건전지 종류를 나열하면 D－A－B－C 순이다.

09 사고력 진위 추론하기

| 정답 | ⑤

| 해설 | 각 사원의 발언을 전 발언과 후 발언으로 구분하고, A의 전 발언이 참이거나 거짓인 경우로 나누어 추론한다.

• A의 전 발언이 참인 경우

A의 전 발언이 참이면 후 발언은 거짓이 되므로, B의 전 발언이 참이 되어 후 발언은 거짓이 된다. 한편, D의 전 발언은 거짓이 되어 후 발언은 참이 되고, E의 전 발언도 참이 되어 후 발언은 거짓이 된다. 그러면 C의 전 발언도 거짓이 되므로 후 발언은 참이 되고, 이들은 모두 조건과 상충하지 않는다. 이를 표로 정리하면 다음과 같다.

인사팀	재무팀	영업팀	기획팀	마케팅팀
C	D	B	E	A

• A의 전 발언이 거짓인 경우

A의 전 발언이 거짓이면 후 발언은 참이 되므로, B의 전 발언은 거짓이 되어 후 발언은 참이 된다. 이에 따라 D의 전 발언은 거짓이 되어 후 발언은 참이 되고, E의 전 발언도 참이 되어 후 발언은 거짓이 된다. 그러면 C의 전 발언도 거짓이 되어 후 발언은 참이 된다. 이러한 경우 A는 기획팀과 마케팅팀 모두에 배치되고, 기획팀에는 A와 E 두 명이 배치되므로 조건과 상충한다.

인사팀	재무팀	영업팀	기획팀	마케팅팀
D			A와 E	A

따라서 A의 전 발언이 참이고 기획팀에는 E가 배치된다.

10 문제처리능력 자료 분석하기

| 정답 | ④

| 해설 | 21:00 ~ 23:00의 경우 추가요금을 내면 대관 가능하므로 (라) 고객사에 신청한 시간은 대관이 가능하다. (라) 고객사의 경우 같은 날 동시간대에 대상인원수가 더 많은 (마) 고객사가 우선 대관이 가능하므로 대관이 어렵다.

| 오답풀이 |

① (가) 고객사가 신청한 날짜인 10월 2일은 대체휴무일이므로 'W 업체 대관 신청 및 취소 관련 규정'을 통해 대관이 어렵다는 것을 알 수 있다.

② (나) 고객사는 예약된 행사일과 주말을 제외한 7일 전에 취소문의를 하지 못했으므로 취소가 불가능하다.

③ (다) 고객사는 수용인원이 100명 이내인 세미나실 A를 대관하려고 했지만 대상인원수가 150명이므로 세미나실 B로 장소를 변경하도록 안내해야 한다.

⑤ (마) 고객사는 대관 일정이 같은 (라) 고객사보다 대상인원수가 더 많아 대관이 확정되었으므로 고객사 담당자에게 상세 내용을 이메일로 송부해야 한다.

11 문제처리능력 자료를 바탕으로 대관료 구하기

| 정답 | ⑤

| 해설 | 고객사 (가) ~ (마)의 대관료를 계산하면 다음과 같다.

- (가) 고객사 : 285,000×11=3,135,000(원)
- (나) 고객사 : 130,000×6=780,000(원)
- (다) 고객사 : 130,000×1.2×13=2,028,000(원)
- (라) 고객사 : 130,000×10+260,000×2=1,820,000(원)
- (마) 고객사 : 285,000×11+570,000×2=4,275,000(원)

따라서 대관료가 가장 높은 고객사는 (마)이고, 두 번째로 낮은 고객사는 (라)이다.

12 사고력 조건을 바탕으로 날짜 추론하기

| 정답 | ③

| 해설 | 4월 16일 월요일부터 매일 한 팀씩 순차적으로 워크숍을 떠나므로 16일 월요일부터 21일 토요일까지 매일 워크숍 일정이 있다. 첫 번째, 두 번째 조건에 따라 16일에는 인사총무팀, 17일에는 재무팀이 워크숍을 떠난다. 세 번째 조건에 따라 재무팀과 디자인팀 사이에 두 팀이 워크숍을 떠나므로 20일에는 디자인팀이 워크숍을 떠난다. 마지막으로 네 번째, 다섯 번째 조건에 따라 회계팀－영업팀－마케팅팀 순으로 워크숍을 떠나므로 18일에는 회계팀, 19일에는 영업팀, 21일에는 마케팅팀이 워크숍을 떠난다. 이를 정리하면 다음과 같다.

16일(월)	17일(화)	18일(수)	19일(목)	20일(금)	21일(토)
인사총무팀	재무팀	회계팀	영업팀	디자인팀	마케팅팀

13 조직이해능력 조직화 원칙 이해하기

| 정답 | ①

| 해설 | 조직의 각 구성원이 분담하는 업무가 효과적으로 수행될 수 있도록 상호 통합되어야 하는데 이때 각 부문간 마찰을 줄이고 협동적인 인간관계를 유지해 조직운영을 효율적으로 하기 위해서는 조정의 원칙을 적용해야 한다.

| 오답풀이 |

② 구성원에게 가능한 한 가지의 특정 업무를 전문적으로 수행할 수 있도록 업무를 분담해야 한다는 원칙이다.

③ 업무의 종류와 성질에 따라 업무를 분류하는 것을 의미한다.

④ 권한을 가지고 있는 상위자가 하위자에게 직무수행에 관한 일정한 권한까지도 위양하는 것을 의미한다.

⑤ 조직에서 각 구성원의 직무분담에 관한 책임과 권한의 상호관계를 명확히 해야 한다는 원칙이다.

14 조직이해능력 조직구조의 유형 이해하기

| 정답 | ④

| 해설 | 매트리스 조직은 기존의 부서 상태를 유지하면서 특정 프로젝트를 위해 서로 다른 부서의 인력이 함께 일하는 현대적인 조직설계방식이다. 이에 따라 매트리스 조직에 속한 개인은 기존 부서 관리자와 프로젝트 관리자 두 명으로부터 지시를 받고 보고하게 된다. 그러나 이러한 특성으로 인해 명령일원화의 원칙이 깨지면서 조직질서에 혼란을 가져올 수 있는 조직구조의 유형이기도 하다.

15 체제이해능력 조직문화 유형 이해하기

| 정답 | ②

| 해설 | (가) '수직적 위계 중심의 의사소통'을 지향하므로 내부지향적이고 통제지향적인 계층문화에 해당한다. 계층문화는 위계지향문화, 내부과정모형이라고도 하며, 위계질서에 의한 통제와 명령, 규칙과 법 준수, 명확한 책임소재 등 관료제의 가치와 규범을 반영하는 것이 특징이다.

(나) '수평적 의사소통'을 지향하고 조직문화 융합을 통해 조직의 성장을 이루려 하므로 개발문화에 해당한다. 개발문화는 발전문화, 혁신지향문화, 개방체계모형이라고도 하며, 외부환경에 대한 변화와 유연성, 구성원과 조직의 성장을 중시하여 조직원에 자율성을 부과한다.

보충 플러스+

퀸(Quinn)의 경쟁가치모형(Competing Value Model)

관계 지향 문화	• 집단문화, 인간관계 모형이라고도 하며 내부지향적이고 비공식적인 유연한 문화를 특징으로 함. • 구성원들의 신뢰, 팀워크를 통한 참여, 충성, 사기 등의 가치를 중시함. • 구성원 간 인간미를 중시하는 문화로서 조직 내부의 통합과 유연한 인간관계를 강조함. • 개인의 능력개발에 대한 관심이 높고 조직구성원에 대한 인간적 배려와 가족적인 분위기가 중시됨.
혁신 지향 문화	• 발전(개발)문화, 개방체계모형이라고도 하며 외부지향적이고 조직의 변화와 유연성을 강조함. • 외부환경에 대한 변화지향성과 신축적 대응성을 기반으로 조직구성원의 도전의식, 모험성, 창의성, 혁신성, 자원 획득 등을 중시함. • 조직의 성장과 발전에 관심이 높은 조직문화를 의미하므로 조직구성원의 업무에 대한 자율성 여부가 핵심 요인이 됨.
위계 지향 문화	• 계층문화, 내부과정모형이라고도 하며 질서와 안정을 중시하고 내부지향적인 조직풍토를 가지고 있다. • 공식적 명령과 규칙, 집권적 통제와 안정지향성을 강조하는 관료제의 가치와 규범을 반영. • 위계질서에 의한 통제, 명령, 업무 처리 시 규칙과 법 준수, 명확한 책임소재 등을 강조하는 관료적 문화의 특성을 가짐.
과업 지향 문화	• 합리문화, 합리적 목적모형이라고도 하며 외부지향적이고 생산성과 경쟁력이 핵심가치가 됨. • 조직의 성과목표 달성과 과업 수행에서의 효율성을 강조하고, 목표달성, 계획, 능률성, 성과 보상 가치를 강조함. • 주로 공급자나 고객, 규제자 등 외부관계자와의 거래에 강조점을 둠.

16 체제이해능력 조직문화 유형 진단 이해하기

| 정답 | ⑤

| 해설 | 자원 배분의 합리성과 인사제도의 공정성, 성과평가 등의 4개 문항은 '조직구조 · 인사제도' 부분에 해당한다.

| 오답풀이 |

① '일과 삶의 균형' 부분에 해당하는 문항이다.

② '소통' 부분에 해당하는 문항이다.

③ '성장 · 성취' 부분에 해당하는 문항이다.

④ '조직융화활동' 부분에 해당하는 문항이다.

17 정보처리능력 프로그램 코드 이해하기

| 정답 | ③

| 해설 | procedure $Fac(n)$은 아래의 코드가 $Fac(n)$을 구현하는 코드임을 의미한다. 만일 $n=1$이면 1을 반환하고, n이 1 이외의 수라면 1부터 $n-1$까지를 곱하는 함수인 $Fac(n-1)$에 n을 곱한 값인 $n \times Fac(n-1)$의 값을 반환한다.

18 정보처리능력 프로그램 코드 이해하기

| 정답 | ②

| 해설 | 제시된 코드에서 for $i=1$ to n은 i가 1부터 n까지의 숫자임을 의미한다. $Fac(n)$은 1에서 1부터 n까지의 숫자를 모두 곱한 것과 같으므로, $x=1$에서 시작해서 $x=x \times i$를 거친 이후의 x의 값을 반환하면 $Fac(n)$이 된다.

19 정보처리능력 출력값 구하기

| 정답 | ③

| 해설 | 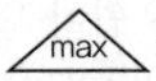

를 거쳐 [A]에 입력된 데이터 집단에서 최댓값을 반환하고, 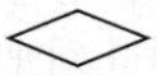 안의 'mod([입력값],3)=1'을 거쳐 반환된 최댓값을 3으로 나눴을 때 나머지가 1인지를 판단하여 경로를 선택한 후, 다시 [A]에 동일한 데이터 집단을 입력하여 이후에 제시되는 조건에 따라 결과를 도출한다. 이에 따라 각 선택지의 출력 결과를 구하면 다음과 같다.

① 최댓값 25를 반환하여 3으로 나누면 그 나머지가 1이므로 'Yes' 경로로 이동한다. 다시 처음의 데이터 집단을 입력하고 [↑]에 따라 오름차순으로 정렬하면 [8, 20, 21, 23, 25]이다. 이후 [⟨4⟩]에 따라 4번째에 위치한 '23'을 추출하여 출력한다.

② 최댓값 23을 반환하여 3으로 나누면 그 나머지가 2이므로 'No' 경로로 이동한다. 다시 처음의 데이터 집단을 입력하고 [⟨2⟩]에 따라 2번째에 위치한 '23'을 추출하여 출력한다.

③ 최댓값 28을 반환하여 3으로 나누면 그 나머지가 1이므로 'Yes' 경로로 이동한다. 다시 처음의 데이터 집단을

입력하고 [↑]에 따라 오름차순으로 정렬하면 [17, 19, 23, 25, 28]이다. 이후 [⟨4⟩]에 따라 4번째에 위치한 '25'를 추출하여 출력한다.

④ 최댓값 25를 반환하여 3으로 나누면 그 나머지가 1이므로 'Yes' 경로로 이동한다. 다시 처음의 데이터 집단을 입력하고 [↑]에 따라 오름차순으로 정렬하면 [10, 19, 22, 24, 25]이다. 이후 [⟨4⟩]에 따라 4번째에 위치한 '24'를 추출하여 출력한다.

⑤ 최댓값 27을 반환하여 3으로 나누면 그 나머지가 0이므로 'No' 경로로 이동한다. 다시 처음의 데이터 집단을 입력하고 [⟨2⟩]에 따라 2번째에 위치한 '20'을 추출하여 출력한다.

따라서 출력 결과가 가장 큰 것은 ③이다.

20 정보처리능력 출력값 구하기

| 정답 | ②

| 해설 | [A]에 [9, 11, 34, 22, 15]를 입력할 때, 먼저 최댓값인 34를 3으로 나누면 그 나머지가 1이므로 'Yes' 경로로 이동한다. 이후 다시 [A]에 [9, 11, 34, 22, 15]를 입력하고 [↑]에 따라 오름차순으로 데이터를 정렬해야 하는데 내림차순으로 정렬하는 프로세스로 변경한다고 하였으므로, [34, 22, 15, 11, 9]가 반환된다. 그리고 [⟨4⟩]에 따라 4번째에 위치한 '11'이 출력된다.

21 인적자원관리능력 인맥의 의미와 중요성 이해하기

| 정답 | ④

| 해설 | 인맥은 자신과 직접적인 관계가 있는 사람들부터 그 사람들을 통해 알게 된 사람들까지 다양하게 존재하며 이를 얼마나 활용하느냐에 따라 개인의 능력 이상의 성과를 낼 수 있다. 따라서 인맥은 일을 수행하는 데 있어서 매우 중요한 역할을 한다. 인맥을 통한 고객확보는 사업 확대와 발전의 원동력이 될 수 있으며, 개인은 인맥을 통해 다양한 정보와 아이디어를 획득하거나 유사시 필요한 도움을 받는 등의 장점을 누릴 수 있다. 또한 인맥을 통해 채용정보를 획득하거나 인턴근무 등을 통해 알게 된 인맥을 통해 취업을 하는 등 취업에 인맥을 활용할 수 있다. 따라서 ④의 설명은 인맥에 대한 설명으로 적절하지 않다.

22 시간관리능력 생산 일정 계산하기

| 정답 | ②

| 해설 | 전자칠판의 생산인력은 투입되는 만큼 소요 시간이 절감된다고 하였으므로, 생산업체가 1시간동안 생산할 수 있는 전자칠판의 수는 해당 생산업체의 인력 수를 1대당 생산 소요 시간으로 나눈 값과 같다. 이에 따라 각 업체별로 생산인력을 모두 투입했을 때 하루 조업시간인 8시간동안 전자칠판 생산 대수를 구하면 다음과 같다.

- A 업체 : $\frac{7}{4} \times 8 = 14$(대/일)
- B 업체 : $\frac{10}{5} \times 8 = 16$(대/일)
- C 업체 : $\frac{5}{4} \times 8 = 10$(대/일)
- D 업체 : $\frac{9}{6} \times 8 = 12$(대/일)

이를 기준으로 11월 1일부터 조건에 따른 생산 일정과 생산량을 구하면 다음과 같다.

- 11월 1일부터 3일까지(수 ~ 금) 매일 14+16+10+12=52(대)씩 총 3일에 걸쳐 156대를 생산
- 11월 4일은 토요일이므로 C는 평일의 절반인 4시간 동안, D는 조업을 개시하지 않는다. 따라서 11월 4일의 생산량은 14+16+5=35(대)이므로, 총 156+35=191(대)를 생산
- 11월 6일부터 7일까지 매일 52대씩 2일에 걸쳐 104대를 생산하면, 11월 7일까지 총 191+104=295(대)를 생산
- 11월 8일에는 A ~ D가 각각 1대씩 생산하고, 대당 생산비용이 가장 낮은 D가 추가로 1대를 생산하여 5대를 생산하면 총 295+5=300(대)를 생산

따라서 11월 8일까지 C에서 생산하는 전자칠판의 수는 11월 1일부터 3일까지 30대, 11월 4일에 5대, 11월 6일부터 7일까지 20대, 11월 8일에 1대로 총 30+5+20+1=56(대)이다.

23 시간관리능력 생산 일정 계산하기

| 정답 | ⑤

| 해설 | 300대를 생산하는 11월 8일까지 각 업체별 생산량과 그 비용을 구하면 다음과 같다.

- A 업체 : 11월 1일～4일, 6일～7일에 하루에 14대씩 14×6=84(대), 11월 8일에 1대로 총 85대를 생산하므로 생산비용은 45×85=3,825(만 원)
- B 업체 : 11월 1일～4일, 6일～7일에 하루에 16대씩 16×6=96(대), 11월 8일에 1대로 총 97대를 생산하므로 생산비용은 50×97=4,850(만 원)
- C 업체 : 총 56대를 생산하므로 생산비용은 40×56=2,240(만 원)
- D 업체 : 11월 1일～3일, 6일～7일에 하루에 12대씩 12×5=60(대), 11월 8일에 2대로 총 62대를 생산하므로 생산비용은 35×62=2,170(만 원)

따라서 거래업체에 지불해야 하는 생산비용은 총 3,825+4,850+2,240+2,170=13,085(만 원), 즉 130,850천 원이다.

24 예산관리능력 출장비 구하기

| 정답 | ⑤

| 해설 | 제시된 출장비 규정과 지출내역에 따라 식비, 교통비, 숙박비 그리고 일비를 각각 구하면 다음과 같다.

- 식비 : 총 9회 지출하였으며 1회당 10,000원을 한도로 하기 때문에 총 10,000×9=90,000(원)을 받는다.
- 교통비 : 택시 이용요금은 지급하지 않기 때문에 KTX 왕복 이용요금만 받을 수 있으며 총 116,000원을 받는다.
- 숙박비 : 3박을 하였고 1박당 100,000원을 한도로 하기 때문에 총 100,000×3=300,000(원)을 받는다.
- 일비 : 24시간을 기준으로 일비를 지급한다고 하였으므로 72시간(3일)분의 일비를 지급받게 되며 출장을 간 K의 직급이 과장이기 때문에 총 110,000×3=330,000(원)을 받는다.

이를 모두 합친 출장비는 총 90,000+116,000+300,000+330,000=836,000(원)이다.

25 기술이해능력 디지털 전환 이해하기

| 정답 | ④

| 해설 | ㄴ. 디지털 전환을 추진함을 통해 기업의 효율성 및 생산성을 향상시킬 수 있다고 설명하고 있다.

ㄷ. 디지털 전환을 통해 시장수요 및 산업구조의 변화에 대응하고 경쟁력을 확보할 수 있다고 설명하고 있다.

ㄹ. 디지털 전환에서 특히 제조업 분야에서 IoT를 기반으로 하는 서비스 제공 모델이 등장하는 등 제조업의 비즈니스 모델이 변화하였다는 내용을 통해 디지털 전환이 새로운 비즈니스 모델의 등장을 촉진하는 기능을 하고 있음을 추론할 수 있다.

| 오답풀이 |

ㄱ. 제시된 자료에서 디지털 전환이 격차 완화에 기여한다는 내용은 제시되어 있지 않다. 디지털 전환을 추진하여 변화에 대응하고 경쟁력을 확보해야 한다는 내용을 통해 디지털 전환이 경쟁력을 강화시켜, 디지털 전환을 추진하지 않은 다른 기업과의 격차를 벌리는 역할을 한다는 것을 추론할 수 있다.

26 기술이해능력 디지털 전환 이해하기

| 정답 | ⑤

| 해설 | 코로나19 팬데믹을 겪으며 경제·사회 부문에서 디지털화의 잠재력이 강조되면서 디지털 기술과 응용이 생산과 소비에 기여한다는 인식이 확산되었다는 내용를 통해 디지털 전환의 배경에는 코로나19 팬데믹 과정에서의 환경변화가 주요하였음을 추론할 수 있다.

| 오답풀이 |

① 제시된 글에서 제조업 분야를 예시로 디지털 전환과 비즈니스 모델의 변화를 설명하였으나, 이를 통해 디지털 전환이 제조업에만 국한되는 사항이라고는 추론할 수 없다.

② 디지털 전환과 고용시장과의 연관성에 대해서는 제시되어 있지 않다.

③ 디지털 전환은 디지털 전환 자체가 아닌, 이를 통해 경쟁 우위를 확보하고 시장 점유율 확대, 마진 달성이라는 결과를 달성하는 것을 목표로 한다고 설명하고 있다.

④ 제시된 자료에서는 디지털 전환에 따른 작업 속도의 향상보다는 디지털 전환을 통해 디지털 시장과 소비자의

니즈의 변화에 기업 전반을 대응시키는 것의 중요성을 강조하고 있다.

27 기술선택능력 조건에 따라 기술 도입하기

| 정답 | ⑤

| 해설 | 회의 내용에서 기술 평가 결과서의 평가내용 기술 적용에 따른 비용의 적절성, 기술 적용에 걸리는 시간의 적절성, 경영 혁신과 목표와의 부합 정도 세 가지 내용을 기준으로 신기술을 평가한다고 제시하고 있으므로, 해당 기준에 따라 (가) ~ (마) 기술의 배점과 그 총점을 구하면 다음과 같다.

평가내용	(가)	(나)	(다)	(라)	(마)
기술 적용에 따른 비용은 적절한가?	2	3	3	2	2
기술 적용에 걸리는 시간은 적절한가?	2	3	2	3	3
기술은 경영 혁신과 목표에 부합하는가?	3	1	2	1	3
총점	7	7	7	6	8

따라서 총점이 가장 높은 (마) 기술이 도입된다.

28 기술선택능력 매뉴얼 적용하기

| 정답 | ③

| 해설 | ㄱ. 상황이 발생하여 급보를 받은 관제사는 후발열차 및 반대선 열차를 즉시 정차 조치하는 등의 운행통제를 실시한다.

ㄴ. 단시간 조치 및 자체복구가 가능한 경우이므로 긴급대응조치에 따라 화재 등 병발사고 예방조치, 객실 질서 유지, 사상자 구호조치, 승객 대피 유도를 실시한다.

ㄹ. 긴급대응조치 이후 긴급복구계획을 수립하면서 현장에서는 안전보호구 착용, 분야별 조끼 구분 착용, 유관기관 지원 요청을 실시한다.

| 오답풀이 |

ㄷ. 선로에서 내린 승객 유도 안내와 버스 · 택시 등 연계수송은 흐름도에서 단시간 조치 및 자체복구가 불가능한 경우에 해당한다.

29 자아인식능력 경력 닻 유형 이해하기

| 정답 | ④

| 해설 | 보도자료에서 설명하는 '일과 삶의 균형이 맞춰지는 일자리'는 경력 닻 유형의 생활방식형과 관련이 있다. 생활방식형은 경력이 자신의 생활스타일과 혼합되어야 하며, 개인사와 경력을 통합하는 방법을 찾는 것을 중요시하는 유형을 의미한다.

30 자아인식능력 경력 닻 유형 이해하기

| 정답 | ②

| 해설 | 제시된 보도자료는 전일제 일자리에서 조직에 얽매이는 것보다 최소한의 노동으로 생계를 유지하면서 자신이 하고 싶은 일을 찾는 자발적 프리터족에 대한 내용이다. 이와 관련된 경력 닻 유형은 일을 자기독자적으로 하고자 하는 자율/독립형에 해당한다.

31 자기관리능력 자기관리의 절차 파악하기

| 정답 | ④

| 해설 | 제시된 글을 통해 자기관리의 절차는 비전과 목표를 정한 후 과제를 발견하여 일정을 수립하고 이에 따라 수행해 피드백을 진행하는 순으로 진행된다.

32 자기관리능력 우선순위 설정하기

| 정답 | ③

| 해설 | 중요도와 긴급도가 가장 높은 (나)를 가장 우선순위에 두어야 한다. 이어서 긴급도는 낮지만 중요도가 높은 (가)가 그다음 순위로 오고 그 후에 긴급하지만 중요도가 낮은 (라)가 와야 한다. 마지막으로 중요도와 긴급도가 모두 낮은 (다)가 온다. 따라서 (가) ~ (라)를 우선순위에 따라 나열하면 (나) → (가) → (라) → (다) 순이다.

33 리더십능력 서번트 리더십의 행동 특성 이해하기

| 정답 | ⑤

| 해설 | 서번트 리더십이란 '섬기는 리더십', 자신보다 구성원의 이익을 우선시하는 리더십이다. 서번트 리더십의 행동 특성 중 '자각'은 자기 자신을 인식하고 주변 상황을 분석하여 자신이 주변인에게 미치는 영향력으로 인해 생기는 역학관계를 정확히 파악하는 특성을 뜻한다.

34 대인관계능력 인간관계의 심리 이해하기

| 정답 | ②

| 해설 | A. 대인기술은 인간관계를 이끌어 나가기 위한 사교적 능력으로, 언어적 혹은 비언어적 수단을 통해 다른 사람에게 자신의 의도를 효과적으로 전달하면서 동시에 상대방의 의도를 파악하고 이해하는 능력을 의미한다.

B. 대인동기는 사람이 인간관계를 지향하게 하고 사회적 행동을 하도록 하는 내면의 원동력을 의미한다. 또한 인간관계를 형성하도록 하는 행동을 하고, 이를 유지하고, 이를 종결하게 하는 동기를 의미한다.

C. 대인신념은 인간관계에 대해 경험과 학습을 통해 개개인별로 설정하고 있는 이해와 믿음을 의미한다. 인간은 과거의 경험을 통해 미래를 예측하고 그에 따라 행동하며, 새로운 인간관계를 마주하는 것 역시 과거의 인간관계에 관한 경험을 근거로 판단하고 행동하게 되는데, 이러한 사고의 근거가 되는 것이 대인신념이다.

35 대인관계능력 인간관계의 심리 이해하기

| 정답 | ③

| 해설 | A. 후광효과는 상대의 긍정적인 측면을 확대해석하여 상대의 모든 요소를 긍정적으로 인식하면서 발생하는 인식의 오류를 의미한다.

B. 사람은 대상에 대한 개인적 기대를 기준으로 상대를 의식한다. 이때 기대 대상이 이를 인식하고 이에 부응하는 경향에 따라 긍정적인 결과를 발생하는 것을 피그말리온 효과라고 한다.

C. 귀인오류는 결과에 따른 평가에서 그 원인이 되는 내적 요인과 외적 요인의 판단을 왜곡하는 것을 의미한다. 특히 본인의 긍정적 결과는 내부귀인하고, 부정적 결과는 외부귀인하는 것을 자존적 편견(이기적 편향)이라 한다.

D. 선택적 지각은 단시간에 대상의 모든 요소를 파악할 수 없어 필요한 요소만을 부분적으로 인식하는 과정에서 발생하는 인식의 오류를 의미한다.

E. 관대화 경향은 의도적으로 상대를 실제보다 더 높게 평가하려는 경향에서 발생하는 오류를 의미한다.

36 고객서비스능력 서비스품질지표 파악하기

| 정답 | ②

| 해설 | ○○공사의 '고객을 위한 약속'은 고객에게 안전하고 편안한 서비스를 제공하는 것을 골자로 하고 있다. 하지만 '재정 안정화를 위한 승소율'은 공사의 재정과 관련된 지표로 고객 서비스 편의와는 관련이 없으므로 서비스품질지표로서 적절하지 않다.

37 직업윤리 직업윤리의 종류 이해하기

| 정답 | ④

| 해설 | 사례 1의 K 씨는 시민으로서 지켜야할 법과 질서를 무시하는 행위를 하여 준법성이 결여되었으며 사례 2의 P 대리는 지시 받은 업무를 불성실하게 이행하고 있으므로 성실성이 결여되었다.

보충 플러스+

직업윤리의 종류

- 성실성 : 정성스럽고 참되며 책임감이 강하고 목표한 바를 이루기 위해 목표지향적 행동을 촉진하며 행동의 지속성을 갖게 하는 성취지향적인 성질을 의미한다.
- 정직성 : 마음에 거짓이나 꾸밈이 없이 바르고 곧음을 뜻하며 업무 수행에 있어서 소신을 가지고 공적인 생각과 절차를 우선하는 태도를 의미한다.
- 준법성 : 시민으로서 자신과 타인의 권리를 보장하여 사회질서를 유지하는 역할을 하는 민주 시민으로서 기본적으로 지켜야 하는 의무이자 생활 자세를 의미한다.
- 봉사성 : 일 경험을 통해 다른 사람과 공동체에 대하여 봉사하는 정신을 갖추고 실천하는 태도를 말한다.

38 공동체윤리 직장 내 성희롱 이해하기

| 정답 | ①

| 해설 | 여성뿐 아니라 남녀 근로자 모두 직장 내 성희롱의 피해자가 될 수 있다. 또한 장래 고용관계를 예정하고 있는 채용과정의 채용 희망자도 직장 내 성희롱 피해자의 범위에 포함된다.

39 공동체윤리 기업의 사회적 책임 이해하기

| 정답 | ③

| 해설 | ㉠ ISO 26000의 핵심 주제 중 공정운영관행은 기업의 거래관계에서의 윤리적 행동을 의미한다.

㉡ ISO 26000의 핵심 주제 중 환경은 지구 환경에 미치는 악영향을 줄이기 위한 기업의 결정과 그 활동을 의미한다.

㉢ ISO 26000의 핵심 주제 중 소비자 이슈는 소비자교육, 공정하고 투명한 마케팅, 지속 가능한 소비 촉진 등 소비자의 권리 보호에 관한 기업의 활동을 의미한다.

㉣ ISO 26000의 핵심 주제 중 인권은 기업의 영향권에 있는 근로자 및 그 관계자의 인권 존중과 보호 활동을 의미한다.

㉤ SO 26000의 핵심 주제 중 노동관행은 기업과 그 협력업체에서의 근로환경과 이에 영향을 미치는 정책 및 관행을 의미한다.

40 공동체윤리 기업의 사회적 책임 이해하기

| 정답 | ⑤

| 해설 | CSR은 지역사회의 문제에 대한 기업의 책임 이행의 요구에 따라 기업이 사회적 공헌활동 등을 통해 이행해야 할 기업의 사회적 책임을 의미한다.

| 오답풀이 |

㉠ 기업 경영의 효율성 개선은 CSR과 직접 관련을 가지지 않는다.

㉡, ㉤ 기업문화의 개선이나 사내 복지이벤트의 개최는 CSR과 직접 관련된 내용으로 볼 수 없다.

2회 기출예상문제

문제 58쪽

01	③	02	⑤	03	⑤	04	②	05	①
06	⑤	07	②	08	③	09	⑤	10	③
11	⑤	12	①	13	③	14	③	15	③
16	③	17	③	18	②	19	④	20	③
21	④	22	③	23	⑤	24	④	25	②
26	⑤	27	④	28	③	29	②	30	⑤
31	④	32	③	33	③	34	①	35	④
36	④	37	②	38	②	39	①	40	⑤

01 문서이해능력 세부내용 이해하기

| 정답 | ③

| 해설 | 2021년 접수된 선로유실물 중 휴대전화의 수는 547건이고 블루투스 이어폰 및 전자기기의 수는 126건이다. 접수된 휴대전화의 수는 블루투스 이어폰 및 전자기기 수의 4배를 조금 넘는다.

| 오답풀이 |

① 첫 번째 문단을 통해 휴대전화와 이어폰 등 전자기기의 선로 유실물 접수 건이 전체의 약 43+16=59(%)임을 알 수 있다.

②, ⑤ 다섯 번째 문단을 통해 선로유실물은 열차 운행이 종료된 후 수거하기 때문에 당일 회수가 어려운 것을 알 수 있다.

④ 마지막 문단을 통해서 경찰서에 이관되기 전까지는 호선별 유실물센터에서 1주일간 보관하는 것을 알 수 있다.

02 문서작성능력 보도자료 제목 작성하기

| 정답 | ⑤

| 해설 | ㉠에서는 소지품을 지키기 위해 마음의 여유를 가지고 열차를 이용해야 한다고 주장하고 있으므로 ⑤가 보도자료의 제목으로 가장 적절하다.

03 문서이해능력 세부내용 이해하기

| 정답 | ⑤

| 해설 | 제시된 글을 통해서는 장애인이 대중교통을 이용할 때 느낄 수 있는 불편사항에 대한 내용을 찾을 수 없다.

| 오답풀이 |

① 두 번째 문단을 통해 교통약자 보행사고의 특징을 알 수 있다.

② 마지막 문단을 통해 보호구역 교통안전 실태조사의 목적을 알 수 있다.

③ 네 번째 문단을 통해 연간 약 485억 원이 투입될 예정임을 알 수 있다.

④ 세 번째 문단을 통해 지난 5년간 주간 시간대 노인 보행사고 발생비율이 55%임을 알 수 있다.

04 문서이해능력 분야별 해당항목 추론하기

| 정답 | ②

| 해설 | 4가지 핵심분야별 세부내용 표에 따라 다음과 같이 분류할 수 있다.

구분	세부내용
핵심분야 1	ⓑ, ⓕ
핵심분야 2	ⓓ, ⓖ, ⓘ
핵심분야 3	ⓐ, ⓗ
핵심분야 4	ⓒ, ⓔ

05 기초연산능력 드 모르간의 법칙 이해하기

| 정답 | ①

| 해설 | '전공과목이 A 학점 이상'을 P, '교양과목이 A 학점 이상'을 Q라고 할 때, 전공과목과 교양과목 모두 A 학점인 학생은 'P AND Q', 전공과목 또는 교양과목이 A 학점 이상인 학생은 'P OR Q'로 나타낼 수 있다.

첫 번째 예시에서 'P AND Q'인 학생들에게 장학금을 준다고 하였으므로 장학금을 못 받는 학생은 드 모르간의 법칙에 따라 'NOT P OR NOT Q'로 나타낼 수 있다. 즉, 장학금을 못 받는 학생들은 '전공과목이 A 학점 미만이거나 교양과목이 A 학점 미만'인 학생들이다.

또한 두 번째 예시에서 'P OR Q'인 학생들에게 장학금을 준다고 하였으므로 장학금을 못 받는 학생은 드 모르간의 법칙에 따라 'NOT P AND NOT Q'로 나타낼 수 있으며 그러므로 장학금을 못 받는 학생들은 '전공과목과 교양과목 모두 A 학점 미만'인 학생들이다.

따라서 ㉠에는 '전공 또는 교양과목이 A 학점 미만', ㉡에는 '전공과 교양과목 둘 다 A 학점 미만'이 들어가야 한다.

06 도표분석능력 자료의 수치 계산하기

| 정답 | ⑤

| 해설 | 14단계의 교통카드 기준 운임이 1,600원보다 크므로 '종류별 교통카드 기준 운임×44(회)×(1−0.15)'의 식으로 정기권 운임을 구한다.

따라서 2,900×44×0.85=108,460(원)이므로 14단계의 정기권 운임은 10원 단위에서 반올림하여 108,500원이다.

07 도표분석능력 자료의 수치 계산하기

| 정답 | ②

| 해설 | 2～18단계의 정기권 운임과 이전 단계와의 운임 차이를 구하면 다음과 같다.

(단위 : 원)

종류별	정기권 운임	이전 단계와의 운임 차이
2단계	63,600	2,000
3단계	67,300	3,700
4단계	71,100	3,800
5단계	74,800	3,700
6단계	78,500	3,700
7단계	82,300	3,800
8단계	86,000	3,700
9단계	89,800	3,800
10단계	93,500	3,700
11단계	97,200	3,700
12단계	101,000	3,800
13단계	104,800	3,800
14단계	108,500	3,700
15단계	112,200	3,700

16단계	115,900	3,700
17단계	119,700	3,800
18단계	123,400	3,700

따라서 2 ~ 18단계 중 이전 단계와의 정기권 운임 차이가 3,800원인 단계는 모두 6개이다.

08 기초연산능력 일률 계산하기

| 정답 | ③

| 해설 | 전체 일의 양을 1이라고 할 때, A와 B가 혼자 1시간 동안 할 수 있는 일의 양은 각각 $\frac{1}{6}$, $\frac{1}{9}$이다. A와 B가 함께 일한 시간을 x라 한다면, 다음과 같은 식으로 나타낼 수 있다.

$$\frac{1}{6}\times 2+\left(\frac{1}{6}+\frac{1}{9}\right)\times x=1$$

$$\frac{3+2}{18}x=1-\frac{1}{3}$$

$$\frac{5}{18}x=\frac{2}{3}$$

$$\therefore x=\frac{2}{3}\times\frac{18}{5}=\frac{12}{5}\text{(시간)}$$

즉, A와 B가 함께 일한 시간은 $\frac{12}{5}=\frac{144}{60}=2+\frac{24}{60}$(시간), 2시간 24분이다.

09 문제처리능력 자료를 바탕으로 이용료 구하기

| 정답 | ⑤

| 해설 | 대관 이용료는 '공간 이용 요금+빔프로젝터 사용료+커피머신 사용료'이다. 이때, 공간 이용 요금은 대관 시간대와 요일, 인원을 고려하여 파악해야 한다. 이에 따라 대여자별 이용료를 구하면 다음과 같다.

- 김○○ : $(15,000\times4+13,000\times3)\times3+5,000\times7+1,500\times3=336,500$(원)
- 정○○ : $(12,000\times2+15,000\times3)\times5+1,500\times5=352,500$(원)
- 한○○ : $(11,000\times1+15,000\times3+18,000\times1)\times4+5,000\times5=321,000$(원)
- 윤○○ : $(15,000\times2+13,000\times1)\times7+5,000\times3+1,500\times7=326,500$(원)
- 백○○ : $(12,000\times3+15,000\times2)\times5+5,000\times5=355,000$(원)
- 곽○○ : $(15,000\times2+11,000\times2)\times6=312,000$(원)

따라서 백○○이 가장 많은 이용료를 지불하였다.

10 문제처리능력 자료 이해하기

| 정답 | ③

| 해설 | 다음주 월 ~ 목요일에 예약한 고객은 김○○, 정○○, 윤○○, 백○○이고, 금요일에 예약한 고객은 한○○, 곽○○이다. 그러므로 **09**에 따라 월 ~ 목요일 매출은 336,500+352,500+326,500+355,000=1,370,500(원)이고, 금요일 매출은 321,000+312,000=633,000(원)이다. 따라서 다음 주 월 ~ 목요일 매출은 금요일 매출의 두 배인 633,000×2=1,266,000(원)보다 높다.

| 오답풀이 |

① **09**에서 최댓값과 최솟값의 차이는 355,000−312,000=43,000(원)이다.

② **09**에서 한○○의 지불금액은 321,000원, 윤○○의 지불금액은 326,500원으로 윤○○의 지불금액이 더 많다.

④ 정○○이 인원을 기존 5명에서 6명으로 한 명 늘린다면 공간 이용 요금과 커피머신 사용료가 한 명분 추가된다. 따라서 (12,000×2+15,000×3)+1,500=70,500(원) 더 지불해야 한다.

⑤ 김○○은 빔프로젝터와 커피머신 사용료를 제외한 대관료로 (15,000×4+13,000×3)×3=297,000(원)을 지불했다.

11 문제처리능력 자료 분석하기

| 정답 | ⑤

| 해설 | ㄱ. 연역적 추리는 전제로부터 결론을 도출하는 추론방식이고 대표적으로 삼단논법이 있다.

ㄴ. 연역적 추리는 전제가 참일 경우 이를 바탕으로 결론 역시 참이 되는 추리이므로 명제는 반드시 참이어야 한다. 따라서 연역적 추리의 명제는 동시에 참이나 거짓이 될 수 없다.

ㄷ. '비둘기는 난다'와 '참새는 난다'와 같은 개별적 사실을 통해 '새는 난다'라는 일반적인 규칙을 유도했으므로 귀납적 추리이다.

ㄹ. 귀납적 추리는 개별적인 사실이나 정보를 바탕으로 일반적인 원칙이나 규칙을 도출하는 추론이다.

12 문제해결능력 문제해결태도 분석하기

| 정답 | ①

| 해설 | 문제상황에서 A 사장이 특정 발언자의 의견을 지지해 전원의 합의를 이끌어내는 모습은 찾아 볼 수 없다.

| 오답풀이 |

②, ⑤ 영업팀장, 해외사업팀장, 생산부장, 관리부장의 발언에 긍정적인 태도로 수용하며 회의를 이끌어 나가고 있다.

④ 문제가 발생한 상황에 대해 책임을 묻기 보다는 문제점 자체를 질문하여 해결 방향에 집중할 수 있도록 회의를 진행하고 있다.

13 경영이해능력 경영목표와 전략 이해하기

| 정답 | ③

| 해설 | ㄱ. 공사 고유의 안전관리 시스템 고도화를 통해 시설을 현대화할 수 있다.

ㄴ. 경영합리화를 통해 비용을 절감하면 신규 수익을 창출할 수 있다.

ㄷ. 도시철도 이용환경을 개선해 편리성을 강화하면 고품질의 고객 맞춤형 서비스를 제공할 수 있다.

ㄹ. 투명하고 상생의 모습을 보여줄 수 있는 경영을 실천하기 위해서는 소통과 협업을 기반으로한 창의적 조직역량을 확보해야 한다.

14 경영이해능력 ESG 경영 이해하기

| 정답 | ③

| 해설 | ESG는 환경(Environmental), 사회(Social), 지배구조(Governance)의 약자로 필수 분야 세 가지로는 ③이 적절하다.

15 조직이해능력 조직변화의 요소 분류하기

| 정답 | ③

| 해설 | 조직변화의 요소를 하드웨어적 요소와 소프트웨어적 요소로 구분하는 것은 다음과 같다.

• 하드웨어적 요소
  - 조직의 구조, 기술, 조직의 정책 등의 요소에 변화를 주는 것이다.
  - 조직의 정책 변화는 직무특성, 조직의 인사, 급여정책, 복지정책 등 조직 내부의 정책 변화와 외부 집단과의 외교, 정치적 정책의 변화를 모두 포함한다.
  - 가시적으로 파악하기 쉬운 요소의 변화이다.

• 소프트웨어적 요소
  - 조직을 구성하는 구성원의 내면의 변화, 조직문화의 변화와 조직윤리의 변화를 의미한다.
  - 비가시적이고, 직접적으로 파악하기 어려운 요소의 변화이다.

따라서 ③이 옳게 분류되었다.

16 조직이해능력 조직변화의 요소 분류하기

| 정답 | ③

| 해설 | 정부 법규 변화나 경쟁의 변화는 조직 외부에서 계획되지 않은 변화를 유발하는 요인이다. 따라서 이는 ㉣에 해당한다.

17 정보처리능력 출력될 데이터 구하기

| 정답 | ③

| 해설 | A barking dog never bites에서 단어는 총 5개로, [입력값]>4에 입력할 입력값은 5이므로 5>4로 Yes 방향으로 진행한다. A barking dog never bites에서 단어를 오름차순으로 정렬하면 A barking bites dog never가 되므로, 해당 문장에서 세 번째 단어인 bites가 추출되어 출력된다.

18 정보처리능력 출력될 데이터 구하기

| 정답 | ②

| 해설 | A barking dog never bites에서 단어를 내림차순으로 정렬하면 never dog bites barking A가 되므로, 해당 문장에서 세 번째 단어인 bites가 추출되어 출력된다.

19 컴퓨터활용능력 코딩 함수 이해하기

| 정답 | ④

| 해설 | 코드의 각 행을 해석하면 다음과 같다.

- procedure $Factorial(n)$
  → $Factorial(n)$ 함수를 아래의 구조로 정의
- if $n=1$ then return 1
  → 만약 n이 1이라면 1을 반환(=탈출 조건)
- else return [(가)]
  → 그렇지 않다면 (가)를 반환
- end
  → 함수 종료

제시된 코드는 탈출 조건을 충족하기 전까지 함수가 자기 자신을 계속해서 호출하는 재귀 구조이다. n부터 1까지의 자연수를 모두 반환하여 곱해야 하므로 $Factorial(n)$ 함수를 또다시 호출할 때 곱해야 할 자연수가 1씩 작아져야 한다. 따라서 (가)에는 '$n \times Factorial(n-1)$'이 적절하다. 이때의 함수 작동 원리를 표현하면 다음과 같다.

> 만약 $n=4$라면,
> $4 \times Factorial(3)$
> ↓
> $3 \times Factorial(2)$
> ↓
> $2 \times Factorial(1)$
> ↓
> 1
> ➜ $Factorial(4) = 4 \times 3 \times 2 \times 1 = 24$

| 오답풀이 |

③ 재귀 구조로 팩토리얼 함수를 작성할 때에는 재귀 호출의 인자가 감소하도록 작성하여야 한다. 만일 그렇지 않고 if else $Factorial(n)$으로 정의하면 $n=1$ 이외의 자연수일 때 다음과 같이 탈출 조건에 도달하지 못하게 된다.

1. $Factorial(n)$에서 $n=4$이라고 가정하면, $Factorial(4)$는 else return $Factorial(n)$ 조건에 따라 $Factorial(4)$가 된다.
2. else return $Factorial(4)$의 $Factorial(4)$는 else return $Factorial(n)$에 따라 $Factorial(4)$가 된다.
3. $Factorial(4) = Factorial(4) = \ldots$이 무한히 반복되면서 탈출조건인 $n=1$에 도달하지 못한다.

20 컴퓨터활용능력 코딩 함수 이해하기

| 정답 | ③

| 해설 | 코드의 각 행을 해석하면 다음과 같다.

- procedure $Factorial(n)$
  → $Factorial(n)$ 함수를 아래의 구조로 정의
- $x=1$
  → x 값 지정
- for $i=1$ to n # $1 \le i \le n$
  → i가 1 이상 n 이하이면 아래 반복문을 수행(=반복 조건)
- [(나)]
  → (나)에 따라 팩토리얼 계산
- return x
  → x를 반환
- end
  → 함수 종료

제시된 코드는 x의 변수를 1로 초기화하고 for문에 따라 i가 1부터 n의 범위일 때 반복문을 통해 새로운 x의 값을 계속하여 반환하여 곱하는 반복 구조이다. 초기 x의 값이 1이므로 'return x'에서 반환되는 x의 값이 1씩 커져야 하는데, 기존 x에 1씩 커지는 i를 곱하면 되므로 (나)에는 '$x = x \times i$'이 적절하다. 이때의 함수 작동 원리를 표현하면 다음과 같다.

만약 $n=4$라면,

$i=1$, $x=1\times1$
↓ $x=1$ 반환
$i=2$, $x=1\times2$
↓ $x=2$ 반환
$i=3$, $x=2\times3$
↓ $x=6$ 반환
$i=4$, $x=6\times4$
↓ $x=24$ 반환

→ *Factorial*(4) $=4\times3\times2\times1=24$

21 시간관리능력 시차 계산하기

| 정답 | ④

| 해설 | (가) 모스크바 국제공항에 도착하자마자 문자를 보냈으므로 모스크바 국제공항에 도착하는 시각을 구한다. P 대리는 한국 시각으로 3일 16:30에 출발하여 9시간 30분 동안 비행했으므로 '한국 시각 4일 02:00'에 모스크바에 도착한다. 한국은 모스크바보다 6시간 빠르기 때문에 P 대리는 '모스크바 현지 시각 3일 20:00'에 모스크바에 도착한 것이 되고, 이때가 문자 메시지를 보낸 시각이다.

(나) 워크숍 시작 30분 전에 전화를 건다고 하였으므로 전화를 거는 시각은 '모스크바 현지 시각 4일 09:30'이다. 한국과 모스크바의 6시간 시차를 적용하면 P 대리가 K 사원에게 전화를 거는 시각은 '한국 시각 4일 15:30'이 된다.

22 인적자원관리능력 인적자원 선발하기

| 정답 | ③

| 해설 | 제시된 채점기준에 따라 각 지원자별 점수를 구하면 다음과 같다.

지원자	교육 사항	경력 사항	자기 소개서	전문성	가산점	합계
A	25	22	18	16	10	91
B	20	30	18	20	5	93
C	20	26	14	18	7	85
D	15	26	16	18	10	85
E	30	22	16	16	8	92

따라서 서류전형 총점이 가장 낮은 C, D 중 경력이 더 짧은 C가 서류전형에서 불합격한다.

23 인적자원관리능력 인적자원 선발하기

| 정답 | ⑤

| 해설 | 우선 서류전형에서 탈락한 C는 제외한다. 대화에서 경영지원팀장은 경력이 1년 이상이면서 컴퓨터 관련 자격증을 하나 이상 보유한 사람을 요구하고 있으며, 이에 해당하는 지원자는 A, D, E이다. 또한 동일한 조건이라면 관련 교육을 가장 많이 받은 사람을 선호하므로, A, D, E 중 교육을 5과목으로 가장 많이 받은 E가 경영지원팀장의 조건에 가장 부합하는 지원자이다.

24 자원관리능력 효율적인 자원관리 방법 파악하기

| 정답 | ④

| 해설 | 주어진 모든 시간을 계획적으로 사용하는 것은 현실적으로 불가능하다. 따라서 D의 조언과 같이 주어진 시간 전체를 꽉 채워서 계획하는 것이 아니라 60 : 40 규칙을 따라 시간을 계획하는 것이 필요하다. 60 : 40 규칙이란 자신에게 주어진 시간을 계획된 행동을 하는 시간 60%, 계획 외의 돌발적인 상황에 대비한 시간 20%, 자발적이고 창조성을 발휘하는 시간 20%로 나누어 계획하는 것을 의미한다.

| 오답풀이 |

① 예산 책정 비용이 실제 비용보다 작으면 오히려 적자가 발생하므로 책정 비용과 실제 비용의 차이를 줄이는 것이 필요하다.

② 효과적인 시간 관리를 위해서는 명확한 목표를 설정하고 중요성과 긴급성을 바탕으로 일의 우선순위를 정한 다음, 예상 소요시간을 결정하고 시간 계획서를 작성하는 것이 바람직하다.

③ 효과적인 자원관리 과정의 첫 번째는 구체적으로 어떤 활동을 할 것이며, 이 활동에 어느 정도의 시간과 돈, 물적, 인적 자원이 필요한지 파악하는 것이다.

⑤ 명함관리를 통해 명함을 자신의 인맥을 만드는 도구로 활용해야 한다.

25 기술적용능력 4차 산업혁명의 기술 이해하기

| 정답 | ②

| 해설 | ㉠ 물류를 직접 이동시키는 이동 수단에 관한 첨단 기술로는 무선 조종으로 날아가는 무인 항공기인 드론이 있다.

㉡ IoT는 사물에 센서와 통신 기능을 내장하여 인터넷에 연결하는 기술로, IoT를 통해 화물을 인터넷으로 연결하여 물류정보를 관리할 수 있다.

㉢ 물류의 수요 예측에 관한 기술은 빅데이터 기술에 대한 설명이다. 빅데이터 기술은 실시간으로 빠르게 생산되는 대용량의 데이터를 처리하고 분석하는 기술을 의미한다.

26 기술능력 지속가능한 기술 이해하기

| 정답 | ⑤

| 해설 | 제시된 보도자료에서는 지속가능한 발전과 함께 환경적 요구를 충족하는 방향으로 경영전략을 설정하고 있으므로, 이에 관한 경영전략의 실행계획으로는 지속가능한 기술을 반영하는 것이 적절하다. 터널 내 전기 집진기를 설치하여 전동차 실내 공기질을 유지하는 기술은 전동차 운용 과정에서 발생하는 대기오염에 대응하는 기술로 지속가능한 기술의 사례로 적절하다.

27 기술선택능력 벤치마킹의 종류 파악하기

| 정답 | ④

| 해설 | SNS에 업로드된 레시피를 참고하여 신메뉴를 구상하는 것은 자료를 통해 수행하는 간접적 벤치마킹에 해당한다. ④ 이외의 선택지는 모두 벤치마킹의 대상에 직접 방문하거나 접촉하여 조사하면서 자료를 입수하는 직접적 벤치마킹에 해당한다.

28 기술선택능력 벤치마킹의 단계 이해하기

| 정답 | ④

| 해설 | 〈A 공사의 상황〉을 보면, A 공사가 지난 20X1년의 안전 운행, 미래 성장, 고객 만족, 혁신경영 부문 등의 주요 업무사항 확인과 업무 보고서 작성을 통해 그 결과를 분석하고 있음을 알 수 있다. 특히, 안전 운행 부문과 고객 만족 부문의 경우 목표치와 실제 성과를 비교하고 있으므로, A 공사의 벤치마킹 단계로 '성과 차이 분석' 단계가 가장 적절하다.

29 자아인식능력 심리적 자아 이해하기

| 정답 | ②

| 해설 | '심리적 자아'는 어떤 가치관이나 도덕적 기준과 관련된 자신의 내면적 특성을 나타내는 개념이므로 이에 해당하는 항목으로는 ②가 적절하다.

| 오답풀이 |

①, ③, ④ '물질적 자아'에 해당하는 항목이다.

⑤ '사회적 자아'에 해당하는 항목이다.

30 자기개발능력 자기개발 장애요인 이해하기

| 정답 | ⑤

| 해설 | 자신에 관한 정보가 부족해 자기개발이 어려운 '자기정보의 부족'에 해당하는 사람은 직장인 C이다.

| 오답풀이 |

① '외부 작업정보의 부족'에 해당한다.

② '주변 상황의 제약'에 해당한다.

③ '의사결정 시 자신감 부족'에 해당한다.

④ '내부 작업정보의 부족'에 해당한다.

31 자기관리능력 직무 스트레스 이해하기

| 정답 | ④

| 해설 | 직무 스트레스의 원인 중 '업무구조'에 관한 내용으로는 낮은 직무재량권, 높은 심리적 업무 요구, 업무조직의 변화나 부서이동 등의 불안정성 등이 해당된다.

| 오답풀이 |

① 직무 스트레스 원인 중 '조직 외부의 문제'에 해당한다.

② 직무 스트레스 원인 중 '물리적 환경'에 해당한다.

③ 직무 스트레스 원인 중 '조직 내부의 갈등'에 해당한다.

⑤ 직무 스트레스 원인 중 '직무요구'에 해당한다.

32 자기관리능력 | 직무 스트레스 이해하기

| 정답 | ③

| 해설 | 직무 스트레스에 대응하는 중재요인 중 '강인성'은 스트레스성 사건이나 만성적 긴장 상태를 통제할 수 있다고 믿고, 변화를 위협이 아닌 도전으로 받아들이는 심리, 즉 상황에 대한 동조, 통제 및 도전적 성향을 의미한다.

| 오답풀이 |

① '사회적 지지'는 가족이나 동료 등의 정서적 관심이나 수단적 도움 등으로 자신이 보호와 애정을 받고 있다는 믿음을 의미한다.

② '자기 존중심'은 자신에 대한 높은 내적 평가를 의미한다.

33 협상능력 | 협상의 유형 이해하기

| 정답 | ③

| 해설 | 분배적 협상은 고정된 파이를 가능한 많이 차지하는 것을 목적으로 진행되는 협상으로, 정보를 감추고 상대방보다 우위에 위치하려는 경쟁(강압)전략을 이용한다. 토론의 형식 역시 양측이 각자의 입장을 제시하는 입장 토론의 방식으로 진행된다. 한편 통합적 협상은 당사자들이 협상을 통해 문제를 해결하고 파이 자체를 증대시키는 것을 목적으로 하는 협력관계에서의 협상으로, 이를 위해 서로가 공개한 정보를 적극적으로 활용하여 '모두가 승리하는' 방법을 모색하는 문제해결전략을 이용한다.

34 협상능력 | 협상의 전략 이해하기

| 정답 | ①

| 해설 | 협상력을 결정함에 있어서 정보는 협상에 필요한 시간을 효과적으로 활용할 수 있게 한다. 즉, 정보의 보유는 곧 협상에서의 힘을 발휘할 수단이자 이를 올바르게 사용하게 하는 방법이 된다. 따라서 협상에 있어서 시간과 힘보다는 정보를 보유한 쪽이 협상에서 유리하다고 볼 수 있다.

| 오답풀이 |

② 협상에 있어서 먼저 협상조건을 크게 제시하고 상대방의 양보를 유도하여 협상을 유리하게 이끌어갈 수 있다는 점에서 협상에서의 최초 요구는 중요한 요소로 꼽힌다.

③ 협상에 대해 가진 정보가 적을수록 협상의 과정에서 불리한 위치로 협상을 진행하거나 인간관계와 같은 요소에 의존하게 된다는 점에서, 협상의 결과는 보유한 정보의 양과 질에 따라 결정된다고 볼 수 있다.

④ 협상에 필요한 시간을 여유롭게 보유하고 있다면 유리한 위치에서 조건을 비교하며 협상을 이끌 수 있다.

⑤ 협상의 요소인 힘은 협상자가 가진 물적 역량뿐만 아니라 협상자의 신용도나 지식, 경험 등 협상자가 보유한 인적 역량을 포함한다.

35 팀워크능력 | 팀워크의 구성요소 이해하기

| 정답 | ④

| 해설 | '의사소통'은 구성원 간 충분한 정보의 교환을 뜻하므로 팀원 간의 정보 공유가 잘 되었는가를 측정하고자 하는 ⓓ, ⓘ, '협업'은 공동의 목표를 위해 개인 업무 등을 상호 간 이해하고 업무를 진행하는 것이므로 팀의 목표를 중시하는 ⓒ, ⓔ가 적절하다. 또한 어느 구성원에게 무엇이 필요한지 파악하여 조정하는 '업무조정'은 업무 간 연계와 조화를 측정하는 ⓐ, ⓕ, ⓗ가 적절하며, 팀원 간의 단결과 정서적 유대를 측정하는 ⓑ, ⓖ는 구성원으로 하여금 집단에 머물도록 만드는 힘인 '응집력'에 적합하다.

36 갈등관리능력 | 과업 갈등과 관계 갈등 비교하기

| 정답 | ④

| 해설 | 과업 갈등은 업무를 수행하는 목표 및 내용과 관련이 있으며, 관계 갈등은 인간관계 가운데 발생하는 정서적 대립과 관련 있다. 따라서 업무 수행과 관련된 갈등인 ㄴ, ㄹ, ㅂ은 과업 갈등, 팀원 간의 정서적 갈등인 ㄱ, ㄷ, ㅁ은 관계 갈등에 해당한다.

37 근로윤리 | 도덕적 해이 이해하기

| 정답 | ②

| 해설 | 공공기관에 나타나는 도덕적 해이의 요인 중 '무사안일'은 공공기관이 안전을 위해 발전을 위한 변화를 회피하고 수동적인 자세만을 가지는 것을 의미한다. 규정 외에는 관심을 두지 않거나, 새로운 업무처리 방식을 고민하지 않는 모험회피 성향, 힘들고 골치 아픈 일을 해결하고자 나서려고 하지 않는 자세 등이 여기에 해당한다.

| 오답풀이 |

①, ③ 도덕적 해이의 요인 중 '방만경영'에 해당한다.

④ 도덕적 해이의 요인 중 '국가의존'에 해당한다.

⑤ 도덕적 해이의 요인 중 '사익추구'에 해당한다.

보충 플러스+

공공기관의 도덕적 해이

- 사익추구 : 조직의 목표보다 개인과 소속 부서의 이익을 우선한다. 개인의 성과에 도움이 되지 않는 협업에 관심을 두지 않고, 개인의 승진, 보수인상, 부서의 예산 확보 등을 우선한다.
- 방만경영 : 조직의 경영과 효율성 증진에 관심을 두지 않고 편익만을 중시한다. 사적 업무나 향응에만 관심을 가지고, 예산 절감보다는 지출 완료에 역점을 둔다.
- 국가의존 : 공공기관이 정부의 지원에 지나치게 의존하여 개선의 의지를 가지지 않는 것이다. 공공기관은 정부 지침대로만 운영하는 곳이며, 그에 따른 적자는 중앙정부가 보전하므로 기관이 자체적인 노력을 기울여서 성과를 내려는 의지를 나타내지 않게 된다.
- 무사안일 : 공공기관이 개선을 위한 변화를 회피하고 안전만을 추구하는 것이다. 새로운 업무처리 방식을 고민하지 않으며, 힘들고 어려운 일, 잘못 나섰다간 욕먹는 일이라는 이유로 해결하려 나서지 않으려고 한다.

38 근로윤리 도덕적 해이 이해하기

| 정답 | ②

| 해설 | 공공기관의 도덕적 해이는 공적 영역에서 도덕적 의무를 다하지 않는 행위를 의미하는 것으로, 공무와 관련되지 않는 사적 영역에서 도덕적 의무를 다하지 않는 도덕적 일탈행위는 공공기관의 도덕적 해이에 포함되지 않는다.

| 오답풀이 |

① 도덕적 해이는 직무에 대한 태도의 문제이며 법률을 위반하는 행위가 아니므로 불법행위에 비해 적발과 입증이 어렵다는 특징을 가진다.

39 직업윤리 책임의식 이해하기

| 정답 | ①

| 해설 | 「중대재해처벌법」은 사업 또는 사업장에서 일하는 모든 사람의 안전 및 보건을 확보하도록 경영책임자에게 의무를 부과한 법률로서 경영책임자의 책임감을 강조하고 있다. 직업윤리에서 책임감이란 직업에 대한 사회적 역할과 책무를 충실히 수행하고 책임지려는 태도를 뜻한다.

40 공동체윤리 제조물 결함의 사례 이해하기

| 정답 | ⑤

| 해설 | 제조상의 결함이란 제조물이 원래 의도한 설계와 다르게 제조, 가공되어 안전하지 못하게 된 경우를 의미한다. ⑤의 경우 제조물은 음료수가 되며, 음료수에 원래라면 들어 있어서는 안 되는 이물질로 인해 복통을 일으킨 사례이므로, 이는 제조상의 결함으로 볼 수 있다.

| 오답풀이 |

① 표시상의 결함에 해당한다.

②, ③, ④ 설계상의 결함에 해당한다.

3회 기출예상문제

문제 96쪽

01	③	02	①	03	④	04	④	05	①
06	②	07	②	08	②	09	①	10	③
11	③	12	①	13	③	14	①	15	④
16	③	17	③	18	②	19	①	20	①
21	⑤	22	③	23	③	24	②	25	⑤
26	①	27	④	28	④	29	③	30	③
31	③	32	③	33	③	34	④	35	⑤
36	①	37	②	38	④	39	③	40	④

01 문서이해능력 글의 세부 내용 이해하기

| 정답 | ③

| 해설 | 지난해 5호선 9개소, 6호선 10개소를 합하여 총 19개소에 집진기를 설치하였다는 내용에 따라 이번 설치계약으로 설치되는 45개소를 합하면 총 64개소에 집진기가 설치될 것임을 알 수 있다.

| 오답풀이 |

① 마지막 문단에서 서울 지하철은 대부분 지하 공간에서 운행되며 환기구 구조와 시설 노후화 등의 구조적 한계로 인해 미세먼지 저감에 어려움이 많다고 설명하고 있다.

② 두 번째 문단에서 미세먼지 전담 부서로 '대기환경처'와 '환경설비센터'가 새로 출범하였다고 설명하고 있다.

④ 네 번째 문단에서 실내질공기관리법 개정으로 지하역사 미세먼지 농도 기준이 150$\mu g/m^3$에서 100$\mu g/m^3$으로 강화되었다고 설명하고 있다.

⑤ 세 번째 문단에서 자체 측정 결과 전동차 역실 내 미세먼지가 10년 전과 비교해 33.0% 줄어들었다고 설명하고 있다.

02 문서이해능력 문맥과 무관한 문장 찾기

| 정답 | ①

| 해설 | (가)가 포함된 문단의 중심 내용은 미세먼지 관리를 위한 집진기 계약 추진과 조직 신설이므로, 해당 문단에 미세먼지의 유해성에 관한 내용이 들어가는 것은 맥락상 적절하지 않다.

03 문서이해능력 세부 내용 이해하기

| 정답 | ④

| 해설 | (다) 문단에서 1981년에는 한 편성을 개통 당시의 6칸에서 8칸으로 늘렸다고 설명하고 있다. 전동차 64량을 추가로 도입하고 한 편성을 10칸으로 늘린 해는 1989년이다.

| 오답풀이 |

① (가) 문단에서 '서울 교통 문제 해결책'은 1964년 당시 윤치영 서울시장이 국회 교통체신분과위원회에 제출한 것으로, 여기에 포함된 지하철 건설 계획에 관한 논의를 시작으로 서울 지하철 건설 계획이 본격적으로 추진되었다고 설명하고 있다.

② (가) 문단에서 서울특별시 지하철건설본부는 1965년 서울시의 「서울 시정 10개년 계획」을 통한 지하철 건설 방침에 따라 1970년 6월 발족했다고 설명하고 있다.

③ (라) 문단에서 연간 열차 운행횟수가 2만 회를 기록한 시기는 열차 운행 첫 해라고 설명하고 있으며, (나) 문단을 통해 해당 연도는 우리나라 최초의 지하철인 서울 지하철 1호선(종로선)이 개통된 1974년임을 알 수 있다.

⑤ (마) 문단에서 1970년대에 지은 지하철 1호선이 현재까지 남아 운영되고 있어 시설이 노후화되었으나 정기적인 안전 점검으로 이용에 문제가 없다고 확인되었다고 설명하고 있다.

04 문서작성능력 소제목 작성하기

| 정답 | ④

| 해설 | (라) 문단에서 지하철 1호선의 누적 운행횟수는 총 2,300만 회, 직결운행하는 한국철도 차량의 운행횟수까지 합치면 총 3,200만 회라고 설명하고 있다.

05 도표분석능력 자료의 수치 분석하기

| 정답 | ①

| 해설 | 20X1년부터 20X5년까지 남성 취업자와 비경제활동인구수의 3배를 한 값을 비교하면 다음과 같다.

(단위 : 천 명)

연도	20X1년	20X2년	20X3년	20X4년	20X5년
취업자	12,988	13,481	14,041	15,057	15,372
비경제 활동인구×3	13,425	14,412	16,071	16,146	17,091

따라서 20X1년부터 20X5년까지 매년 남성 취업자 수는 남성 비경제활동인구수의 3배 미만을 기록하였다.

| 오답풀이 |

② 20X4년과 20X5년 여성 취업자 수는 여성 비경제활동인구보다 더 많다.

③ 전년 대비 비경제활동인구수의 증감이 가장 작은 연도는 남성은 5,382−5,357=25(천 명)을 기록한 20X4년, 여성은 10,590−10,578=12(천 명)을 기록한 20X5년이다.

④ 20X5년 여성의 취업자 수는 전년 대비 11,450−10,840=610(천 명) 증가하여 같은 해 남성의 15,372−15,057=315(천 명)보다 더 크게 증가하였다.

⑤ 20X4년 남성 취업자 수와 여성 취업자 수의 차이는 15,057−10,840=4,217(천 명)으로 20X3년의 14,041−9,992=4,049(천 명)보다 더 크다.

06 도표작성능력 그래프로 변환하기

| 정답 | ②

| 해설 | 20X3년 여성의 전년 대비 경제활동인구수의 증감값은 10,335−10,002=333(천 명), 남성의 전년 대비 경제활동인구수의 증감값은 14,621−14,021=600(천 명)이다. 그래프 ②는 해당 부분에서 여성과 남성의 증감값이 반대로 작성되었다.

07 도표분석능력 자료의 수치 계산하기

| 정답 | ②

| 해설 | ⓐ에 들어갈 값은 20X3년 ○○공사가 보유한 총 전철 차량의 수로, 그 값은 250+126+604+692+1,037+842=3,551(대)이다.

08 도표작성능력 그래프로 변환하기

| 정답 | ②

| 해설 | ㉠에 해당하는 값은 20X1년 전국에서 차령이 11 ~ 20년인 전철 차량의 비율이므로, 그 값은 소수점 첫째 자리에서 버림하여 $\frac{592+1,551}{5,811} \times 100 ≒ 36(\%)$이다.

09 문제처리능력 자료 분석하기

| 정답 | ①

| 해설 | 제시된 자료에서는 지하안전점검평가의 대상이 되는 시설물이 지하시설물 및 주변지반임은 제시되어 있으나, 그 평가대상이 되는 사업의 종류에 대한 내용은 제시되어 있지 않다.

| 오답풀이 |

② 지하안전점검평가는 매년 정기적으로 실시한다고 제시되어 있다.

③ 지하안전점검평가와 사후 지하안전영향평가에서 제출해야 하는 서류는 모두 안전영향 조사서로 동일하다.

④ 지하안전점검평가와 지반침하 위험도평가의 실시자는 같다.

⑤ 지반침하 위험도평가의 평가결과는 중점관리대상 지정 및 해제에 활용될 수 있다고 제시되어 있다.

10 문제처리능력 자료를 도식화하여 이해하기

| 정답 | ③

| 해설 | 제시된 자료의 지하안전영향평가제도에서 협의기관이 제출하는 서류로 안전영향 조사서만이 제시되어 있으면서, 협의기관인 국토교통부장관이 검토기관에 검토 및 현지조사를 의뢰하는 것은 사후 지하안전영향평가이다.

| 오답풀이 |

①, ② 일반 지하안전영향평가와 소규모 지하안전영향평가는 안전영향 조사서와 함께 사업계획서 제출도 요구한다.

④ 지하안전점검평가의 협의기관은 시장/군수/구청장으로, 해당 기관이 검토기관에 검토 및 현지조사를 의뢰하는지 여부는 제시되어 있지 않다.

⑤ 지반침하 위험도평가는 지반침하나 위험도평가서 제출을 요구한다.

11 문제처리능력 평가점수 구하기

| 정답 | ③

| 해설 | 각 항목별로 서류전형과 면접전형에서 받을 수 있는 점수를 구하면 다음과 같다.

- 자격증 : 자격증은 접수마감일 이전에 취득한 것 하나만을 인정하므로, 지원자가 아직 취득하지 못한 양식조리기능장이 아닌 한식조리산업기사만이 인정되어 서류전형에서 30점을 받는다.
- 경력 : 집단급식소 경력은 담당 인원과 관계없이 경력기간을 모두 합산하므로, 어린이집 급식소 3년과 고등학교 급식소 1년을 합하여 총 4년의 경력이 인정되어 서류전형에서 30점을 받는다.
- 면접평가점수 : 면접전형에서 2개 항목에서 상, 2개 항목에서 중, 1개 항목에서 하를 받았으므로 총 6+4+1=11(점)을 받는다.
- 특이사항 : 국가유공자 자녀에 해당하므로 서류전형에 10% 가점이 적용된다.

따라서 지원자가 받는 점수의 합은 (30+30)×1.1+11=77(점)이다.

12 문제처리능력 평가점수 구하기

| 정답 | ①

| 해설 | 채용정원이 2명이므로 채용정원의 10배수 순위인 20등 안에 들기 위해서는 서류점수에서 71점 이상을 받아야 한다. 지원자의 서류전형 점수는 자격증 20점, 경력사항 40점으로 총 60점이므로, 11점을 추가로 받아야 한다. 만일 양식조리기술사 자격증이 추가될 경우 자격증 점수가 50점이 되어 서류전형 점수 합계가 90점이 되고, 10배수 순위 안에 들게 된다.

| 오답풀이 |

② 한식조리산업기사 자격증이 추가될 경우 자격증 점수가 30점이 되어, 서류점수 합계 30+40=70(점)으로 10배수 순위 안에 들지 못한다.

③ 경력사항에서 5년에서 1년이 추가되어 6년이 되는 것은 점수에 영향을 주지 않는다.

④ 국가유공자 자녀 가점 10%가 추가될 경우의 서류전형 점수는 (20+40)×1.1=66(점)으로 10배수 순위 안에 들지 못한다.

⑤ 면접전형 점수는 서류전형 점수에 영향을 주지 않는다.

13 업무이해능력 실적평가 규정 이해하기

| 정답 | ③

| 해설 | 각 역별 역내 상점 지수와 그 산출점수를 구하면 다음과 같다.

- A 역 : $\frac{15}{28} \fallingdotseq 0.54 \rightarrow$ 3점
- B 역 : $\frac{6}{17} \fallingdotseq 0.35 \rightarrow$ 2점
- C 역 : $\frac{2}{11} \fallingdotseq 0.18 \rightarrow$ 2점
- D 역 : $\frac{17}{23} \fallingdotseq 0.74 \rightarrow$ 4점
- E 역 : $\frac{12}{35} \fallingdotseq 0.34 \rightarrow$ 2점

14 업무이해능력 실적평가 규정 이해하기

| 정답 | ①

| 해설 | 각 기준에 따라 최종점수를 구하기 위해 우선 각 역별 이용객 증가율을 구하면 다음과 같다.

- A 역 : $\frac{8,000-7,500}{7,500} \times 100 \fallingdotseq 6.7(\%)$
- B 역 : $\frac{8,100-7,200}{7,200} \times 100 = 12.5(\%)$
- C 역 : $\frac{6,800-6,500}{6,500} \times 100 \fallingdotseq 4.6(\%)$
- D 역 : $\frac{12,200-9,100}{9,100} \times 100 \fallingdotseq 34.1(\%)$
- E 역 : $\frac{8,600-7,500}{7,500} \times 100 \fallingdotseq 14.7(\%)$

따라서 평가항목별 점수와 그 평가등급을 구하면 다음과 같다.

구분	A 역	B 역	C 역	D 역	E 역
지면 광고 매출	3	2	1	4	1
역내 상점 지수	3	2	2	4	2
이용객 증가율	2	3	1	4	3
총점	8	7	4	12	6
평가등급	A 등급	B 등급	D 등급	S 등급	C 등급

따라서 최종 평가등급이 A 등급인 역은 A 역이다.

15 업무이해능력 근태 규정 이해하기

| 정답 | ④

| 해설 | 제시된 기간 동안의 각 직원별 근무시간을 구하면 다음과 같다.

구분	직원 A	직원 B	직원 C	직원 D	직원 E
10일	10시간 22분	9시간 10분	9시간 36분	9시간	9시간 2분
11일	10시간 17분	7시간 29분	11시간 6분	8시간 14분	9시간 57분
12일	9시간 20분	9시간 5분	10시간 10분	8시간 44분	5시간 59분
13일	11시간 37분	9시간 5분	7시간 30분	11시간 15분	10시간 12분
14일	7시간 47분	10시간 35분	9시간 16분	11시간 24분	9시간 55분

따라서 하루 근무시간이 9시간 미만을 기록한 날이 이틀인 직원 D는 추가근무를 2회 실시해야 한다.

16 업무이해능력 근태 규정 이해하기

| 정답 | ③

| 해설 | 초과수당은 하루 10시간 이상 근무를 기준으로 한다. 직원 A가 초과수당을 받는 시간은 10일 22분, 11일 17분, 13일 97분으로 합계 136분이다. 따라서 초과수당은 분당 1,000원씩 계산하므로 A가 지급받을 초과수당 금액은 총 136,000원이다.

17 컴퓨터활용능력 모니터링 프로그램 이해하기

| 정답 | ③

| 해설 | 조건을 정리하면 다음과 같다.

	위험도	전염성	작동성
시스템 고윳값	30	10	20
서버 정보(Gamma)	4	1	–
환경 정보	3	5	2
에러코드	8	5	8
전체 환경 상태값	15	11	10
$\frac{\text{전체 환경 상태값}}{\text{시스템 고윳값}}$	0.5	1.1	0.5
조치코드	2	HE	CO

따라서 조치코드는 2_HE_CO이다.

18 컴퓨터활용능력 모니터링 프로그램 이해하기

| 정답 | ②

| 해설 | 조건을 정리하면 다음과 같다.

	위험도	전염성	작동성
시스템 고윳값	20	40	50
서버 정보(Alpha)	1	4	3
환경 정보	4	9	2
에러코드	10	6	6
전체 환경 상태값	15	19	11
$\frac{\text{전체 환경 상태값}}{\text{시스템 고윳값}}$	0.75	0.475	0.22
조치코드	2	NE	NO

따라서 조치코드는 2_NE_NO이다.

19 컴퓨터활용능력 모니터링 프로그램 이해하기

| 정답 | ①

| 해설 | 조건을 정리하면 다음과 같다.

	위험도	전염성	작동성
시스템 고윳값	50	25	100
서버 정보(Beta)	2	2	4
환경 정보	12	21	15
에러코드	5	3	8
전체 환경 상태값	19	26	27
$\frac{\text{전체 환경 상태값}}{\text{시스템 고윳값}}$	0.38	1.04	0.27
조치코드	1	HE	AO

따라서 조치코드는 1_HE_AO이다.

20 컴퓨터활용능력 모니터링 프로그램 이해하기

| 정답 | ①

| 해설 | 시스템 고윳값을 [a, b, c]로 두고 조건을 정리하면 다음과 같다.

	위험도	전염성	작동성
시스템 고윳값	a	b	c
서버 정보(Gamma)	4	1	–
환경 정보	20	14	35
에러코드	10	6	6
전체 환경 상태값	34	21	41
$\frac{\text{전체 환경 상태값}}{\text{시스템 고윳값}}$	$\frac{34}{a}$	$\frac{21}{b}$	$\frac{41}{c}$
조치코드	3	NE	IO

이에 근거하여 a, b, c의 범위를 정리하면 다음과 같다.

$1 \le \frac{34}{a}$, $\frac{21}{b} < 0.5$, $0.75 \le \frac{41}{c}$

$\rightarrow a \le 34$, $42 < b$, $c \le 54.67$

따라서 a, b, c 모두 범위에 해당하는 ①이 적절하다.

21 예산관리능력 시공업체 선정하기

| 정답 | ⑤

| 해설 | 제시된 조건에 따라 업체별 점수를 매기면 다음과 같다.

구분	경영상태		공사기간		비용		후기		A/S기간		점수 총합
	순위	점수	순위	점수	순위	점수	순위	점수	순위	점수	
K 시공	4	2	3	3	2	4	4	2	3	3	14
G 시공	1	5	1	5	5	1	3	3	2	4	18
H 시공	3	3	1	5	4	2	4	2	3	3	15
M 시공	5	1	3	3	1	5	2	4	3	3	16
U 시공	1	5	5	1	3	3	1	5	1	5	19

따라서 지수가 선정할 업체는 점수 총합이 가장 높은 U 시공이다.

22 시간관리능력 최소 이동시간 구하기

| 정답 | ③

| 해설 | 본사에서 물류창고 1과 2를 순서대로 거쳐 본사로 복귀하는 최단 이동경로는 다음과 같다.

본사 → 가맹점 E → 가맹점 G → 물류창고 1 → 가맹점 A → 물류창고 2 → 가맹점 B → 본사

따라서 총 이동시간은 (5+5+10)+15+5+25+5+10+(5+5)=90(분), 즉 1시간 30분이다.

23 시간관리능력 최소 이동시간 구하기

| 정답 | ③

| 해설 | 각 가맹점별로 두 물류창고와의 최소 이동시간을 구하면 다음과 같다.

(단위 : 분)

가맹점	A	B	C	D	E	F	G	H
물류창고 1	25	35	45	35	20	15	5	5
물류창고 2	5	10	20	25	30	45	35	35

따라서 물류창고 1과 연결되는 가맹점은 E, F, G, H로 4개, 물류창고 2와 연결되는 가맹점은 A, B, C, D로 4개이다.

24 시간관리능력 최소 이동시간 구하기

| 정답 | ②

| 해설 | 본사에서 가맹점 D로 이동하는 것을 시작으로 시계 방향으로 진행한다고 할 때 이동시간이 최소로 소요되며 이동경로는 다음과 같다.

본사 → 가맹점 D → 가맹점 E → 가맹점 G → 가맹점 F → 물류창고 1 → 가맹점 H → 가맹점 A → 물류창고 2 → 가맹점 B → 가맹점 C → 본사

따라서 총 이동시간은 (5+5+5)+(5+10)+15+10+(10+5)+5+(5+25)+5+10+10+(10+5+5)=150(분)이므로, 오전 9시에 본사에 출발해서 다시 복귀하는 시각은 2시간 30분 뒤인 11시 30분이다.

25 기술선택능력 매뉴얼 이해하기

| 정답 | ⑤

| 해설 | 그룹 헤드에 포터필터를 장착하고 그룹 헤드를 통해 분사되는 물이 포터필터를 거침으로 에스프레소가 추출되는 것이므로, 그룹 헤드를 빼 둔다는 설명은 적절하지 않다.

| 오답풀이 |

① 스팀 파이프는 우유 스티밍 시 뜨거운 스팀이 나오는 부분이므로 뜨거울 수 있으며, 스팀 파이프를 잡을 때에는 천으로 감싸 잡아야 한다는 것을 추론할 수 있다.

② 온수 디스펜서는 온수가 추출되는 부분이므로 작동 중에는 추출되는 온수에 의해 뜨거워져 화상을 입을 수 있다는 것을 추론할 수 있다.

③ 드립 트레이는 커피나 물들이 배수되는 부분이므로 막히지 않도록 관리해야 함을 추론할 수 있다.

④ 스팀 노즐 팁은 우유에 공기를 주입하여 우유거품을 만들어내는 부분이므로 쉽게 오염될 수 있으며, 이 때문에 자주 세척해야 함을 추론할 수 있다.

26 기술선택능력 매뉴얼 이해하기

| 정답 | ①

| 해설 | 물과 압력이 새어나가지 않도록 하는 역할인 가스켓은 사용자의 취향과 관련이 없는 부품이다.

| 오답풀이 |

② '세부 기능'에서 샤워홀더에 두꺼운 니켈 재질을 사용한다고 명시되어 있다.

③ 샤워홀더와 샤워스크린은 모두 물줄기를 분사시키는 역할을 한다는 점에서 그 기능이 비슷하다고 볼 수 있다.

④ 포터필터는 분쇄된 원두를 담는 부분이므로 원두 가루를 담는 동시에 거르는 역할을 하는 필터바스켓은 포터필터에 있는 세부부품임을 추론할 수 있다.

⑤ 포터필터의 세부 부품인 필터바스켓은 원두 용량에 따라 그 종류가 다양하다고 설명하고 있으며, 포터필터의 '세부 기능'에서 포터필터에 1잔용과 2잔용이 있다고 명시돼 있다. 따라서 1잔에 해당하는 용량과 2잔에 해당하는 용량에 맞는 필터바스켓을 선택해서 사용할 수 있음을 추론할 수 있다.

27 기술이해능력 제품 코드 이해하기

| 정답 | ④

| 해설 | 우선 레이저 인쇄 방식이므로 RAZ, 컬러 인쇄를 지원하므로 COL이 제품 코드로 들어간다. 또한 기능에 따른 제품코드에서 스캔, 복사, 팩스 기능을 모두 지원하므로 첫 번째부터 세 번째 자리는 JCF, 여기에 자동급지 기능까지 지원하므로 네 번째 자리는 T, 자동양면인쇄 기능을 지원하므로 다섯 번째 자리는 B이다. 마지막으로 연결 방식은 무선 연결방식이므로 제품 코드는 WF가 들어간다. 따라서 해당 복합기의 제품코드는 위의 내용을 모두 합쳐서 RAZ_COL_JCFTB_WF이다.

28 기술이해능력 제품 코드 이해하기

| 정답 | ④

| 해설 | 제품 코드가 INK_COL_GCFTB_AL인 제품이므로 해당 복합기는 잉크젯 방식으로 컬러 인쇄를 지원하며, 스캔 기능이 없고 복사 기능과 팩스 기능을 지원한다. 그리고 자동급지 기능과 자동양면인쇄 기능을 지원하며, 유 · 무선

연결방식이다. 따라서 해당 제품코드의 복합기로는 스캔 기능 지원이 필요한 기획팀의 필요사항을 충족할 수 없다.

29 자기개발능력 자기개발의 이유 알기

| 정답 | ③

| 해설 | 제시된 인터뷰 내용에서 좋은 인간관계를 형성하고자 하는 목표는 나타나 있지 않는다.

30 자기개발능력 자기개발 장애요인 알기

| 정답 | ③

| 해설 | 이○○은 외부 작업정보 부족을 겪고 있다.

| 오답풀이 |

① 박◇◇이 이에 해당한다.

② 윤△△이 이에 해당한다.

④ 김☆☆이 이에 해당한다.

⑤ 최□□이 이에 해당한다.

31 자기관리능력 거절의 의사결정과 거절하기

| 정답 | ③

| 해설 | 거절의 의사표현을 할 때는 다음과 같은 상황을 유의해야 한다.

1. 상대방의 말을 들을 때에는 귀를 기울여 문제의 본질을 파악한다.
2. 거절의 의사결정은 빠를수록 좋다.
3. 거절을 할 때에는 분명한 이유가 필요하다.
4. 대안을 제시한다.

따라서 본질을 파악하지 못하고 제대로 거절의 표현을 하지 못한 ③은 적절하지 않은 의사표현이다.

32 경력개발능력 경력개발의 방법 이해하기

| 정답 | ③

| 해설 | 승진에 실패했다고 해서 다른 사람들이 하는 대로 똑같이 따라 하는 것은 적절하지 않은 경력개발 방법이다. 실패를 기회로 발판 삼아 부족한 부분을 보완하고 인내의 자세와 긍정적인 마음으로 구체적인 목표를 세워 보는 것이 중요하다.

33 팀워크능력 팀워크 이해하기

| 정답 | ③

| 해설 | 사람들로 하여금 집단에 머물도록 만들고 집단의 분위기를 좋게 하는 힘은 응집력에 해당한다. 팀의 성과와 관계없이 분위기가 좋은 것은 팀워크가 좋은 것이 아니라 응집력이 좋은 것이다.

34 리더십능력 팔로워십 이해하기

| 정답 | ④

| 해설 | 순응형 팔로워십 유형은 리더와 조직에 대한 믿음과 헌신이 강하지만 아이디어가 없고 인기가 없는 일은 맡지 않으려고 하는 특징을 가진다.

35 갈등관리능력 갈등의 증폭 요인 알기

| 정답 | ⑤

| 해설 | 조직 갈등이 증폭되는 일반적인 요인은 다음과 같다.

1. 적대적 행동 : 승패의 경기를 하고, 문제를 해결하기보다는 승리하기를 원한다.
2. 입장 고수 : 공동의 목표를 달성할 필요성을 느끼지 않는다. 각자의 입장만을 고수하고 의사소통의 폭을 줄이며 서로 접촉하는 것을 꺼린다.
3. 감정적 관여 : 자신의 입장에 감정적으로 묶인다.

따라서 ㉡, ㉢, ㉣이 갈등을 증폭시켜 조직성과를 저해하는 요인에 해당한다.

36 고객서비스능력 고객 불만 처리 프로세스 파악하기

| 정답 | ①

| 해설 | 고객 불만 처리 프로세스는 '경청 → 감사와 공감 표시 → 사과 → 해결 약속 → 정보 파악 → 신속 처리 → 처리 확인과 사과 → 피드백'이다.

상황 A는 고객의 불만에 대해 경청하고 있으므로 '경청'에 해당하고, 상황 B는 고객이 원하는 바를 파악해 이를 신속하게 처리하고 있으므로 '신속 처리'에 해당한다.

37 직업윤리 직업윤리의 덕목 알기

|정답| ②

|해설| 천직의식은 자신의 일이 자신의 능력과 적성에 꼭 맞는다 여기고 그 일에 열성을 가지고 성실히 임하는 태도다. 직원 A는 이 일이 자신의 능력과 적성에 잘 맞는 일이라고 생각하지는 않는다고 하였으므로 천직의식을 가졌다고 볼 수 없다.

|오답풀이|

① 자신이 이 일을 하게 된 것이 하늘의 뜻이라고 생각하는 부분에서 소명의식을 찾을 수 있다.

③ 자신이 하고 있는 일이 사회에 도움이 되면서 꼭 필요한 일이라고 생각하는 부분에서 직분의식을 찾을 수 있다.

④ 주어진 일에 책임감을 가지고 꾸준히 일을 했다는 부분에서 책임의식을 찾을 수 있다.

⑤ 하는 일이 오랫동안 공부하고 실습해야만 가능하다고 생각하는 부분에서 전문가의식을 찾을 수 있다.

38 직업윤리 개인윤리와 직업윤리의 조화 파악하기

|정답| ④

|해설| 업무상 개인의 판단과 행동은 사회적 영향력이 큰 기업시스템을 통하여 다수의 이해관계자와 관련하게 된다.

|오답풀이|

① 각각의 직무에서 오는 특수한 상황에서는 개인적 덕목 차원의 일반적인 상식과 기준으로 규제할 수 없는 경우가 많다.

② 기업은 경쟁을 통하여 사회적 책임을 다하고, 보다 강한 경쟁력을 키우기 위하여 조직원 개개인의 역할과 능력이 경쟁상황에서 적절하게 꾸준히 향상되어야 한다.

③ 직장이라는 특수 상황에서 갖는 집단적 인간관계는 가족관계, 개인적 선호에 의한 친분 관계와는 다른 측면의 배려가 요구된다.

⑤ 규모가 큰 공동의 재산, 정보 등을 개인의 권한하에 위임, 관리하므로 높은 윤리의식이 요구된다.

39 직업윤리 윤리적 규범 이해하기

|정답| ③

|해설| 윤리적 규범은 공동생활과 협력을 필요로 하는 인간 생활에서 형성되는 공동 행동의 룰을 기반으로 형성된다.

|오답풀이|

ㄴ, ㄹ 공동의 이익을 추구하고 도덕적 가치와 신념을 기반으로 형성하는 것은 윤리적 인간의 성립요건에 해당한다.

40 근로윤리 근면의 종류 이해하기

|정답| ④

|해설| 논밭이나 작업장의 열악한 노동 조건 아래에서 오랜 시간 동안 기계적인 일을 했던 것은 삶을 유지하기 위한 강요된 근면에 해당한다. 자진해서 하는 근면은 자신의 것을 창조함으로써 조금씩 자신을 발전시키고 시간의 흐름에 따라 자아를 확립시켜 나가는 것이다.

1회 기출예상 2회 기출예상 3회 기출예상 4회 기출예상 5회 기출예상 6회 기출예상 7회 기출예상 8회 기출예상

4회 기출예상문제

문제 128쪽

01	①	02	⑤	03	⑤	04	④	05	⑤
06	③	07	④	08	③	09	②	10	⑤
11	③	12	②	13	⑤	14	④	15	③
16	③	17	②	18	③	19	③	20	⑤
21	②	22	②	23	①	24	③	25	①
26	⑤	27	③	28	④	29	①	30	②
31	③	32	④	33	②	34	④	35	②
36	④	37	②	38	②	39	⑤	40	④

01 문서이해능력 세부 내용 이해하기

|정답| ①

|해설| '시험 안내' 항목에서 면접시험의 평정요소로 의사표현능력과 성실성, 창의력 및 발전가능성의 세 가지가 제시되어 있으나, 각 평정요소별 가중치에 대한 내용은 제시되어 있지 않다.

|오답풀이|

② '당일 제출서류' 항목에서 면접 당일 원서접수 시 작성하였던 경력 전부에 대한 증빙자료를 시험장 이동 전 담당자에게 제출해야 한다고 제시되어 있다.

③ '당일 제출서류' 항목에서 원서접수 시 작성하였던 경력 중 폐업회사가 있는 경우 폐업자 정보 사실증명서를 제출해야 한다고 제시되어 있다.

④ '유의사항' 항목에서 면접대기실 및 시험장에 입실하기 위해 필요한 출입증을 발급받기 위해서는 신분증이 필요하다고 제시되어 있다.

⑤ '유의사항' 항목에서 시험장으로 이동하기 전 면접대기실에서 담당자에게 출석을 확인한다고 제시되어 있다.

02 문서이해능력 세부 내용 이해하기

|정답| ⑤

|해설| '최종 합격자 발표' 항목에서 합격자 명단은 개별 통지 없이 ○○부 홈페이지에 게재된다고 제시되어 있으므로 최종 합격자는 ○○부 홈페이지에서 확인할 수 있음을 알 수 있다.

|오답풀이|

① '장소' 항목에서 면접은 ○○부 Y건물이 아닌 G건물 로비에서 진행된다고 제시되어 있다.

② '당일 제출서류' 항목에서 경력에 대한 증빙자료는 시험장으로 이동하기 전 담당자게 제출해야 한다고 제시되어 있다.

③ '당일 제출서류' 항목에서 소득금액증명서는 세무서 이외에 무인민원발급기 혹은 인터넷에서도 발급받을 수 있다고 제시되어 있다.

④ '시험 안내' 항목에서 총 세 가지 평정요소에 대해 상·중·하로 평가한다고 제시되어 있다.

03 문서이해능력 올바른 공감적 듣기 사례 찾기

|정답| ⑤

|해설| 제시된 글에 따르면 '공감적 듣기'는 귀와 눈 그리고 마음으로 듣는 자세다. 강 대리는 신입사원의 얘기를 들으며 마음으로 함께 공감해 주고 있으므로 '공감적 듣기'의 사례로 가장 적절하다.

|오답풀이|

① 상대가 말을 하는 것에 맞장구를 쳐 주는 적극적 듣기의 사례에 해당한다. 공감적 듣기는 적극적 듣기의 단계를 넘어 마음을 열고 공감하는 듣기를 의미한다.

04 문서작성능력 문단이 들어갈 위치 찾기

|정답| ④

|해설| 첫 문장을 고려했을 때, 서로 이야기를 함에도 불구하고 대화가 원활히 이뤄지지 않는 상황이 앞에 제시되어야 한다. (라)의 앞 문단에는 남의 말을 듣기보다 자신의 말을 하는 데 주력하여 대화가 원활히 이뤄지지 않는 경우가 제시되어 있고, 뒤 문단에는 '이러한 것' 즉 제시된 문단에서 언급된 '공감적 듣기'의 장점을 알면서도 하지 않는 경우에 대해 말하고 있다. 따라서 문맥상 (라)에 들어가는 것이 가장 적절하다.

05 도표분석능력 자료의 수치 분석하기

| 정답 | ⑤

| 해설 | 20X9년 총수입이 2조 7,065억 원이고 적용단가가 115원/인km라면 수요량은 27,065(억 원)÷115(원/인km) ≒235(억 인km)이다.

| 오답풀이 |

② 20X4년부터 20X8년까지 인건비는 6,219 → 7,380 → 7,544 → 7,827 → 8,732억 원으로 매년 증가하고 있다.

③ 20X8년 총괄원가에서 적정원가가 차지하는 비중은 $\frac{25,229}{28,798}\times 100 ≒ 87.6(\%)$로 87% 이상이다.

④ 기타 경비 1조 7,653억 원 중 선로사용비가 6,591억 원으로 가장 큰 비중을 차지한다.

06 도표작성능력 표를 그래프로 변환하기

| 정답 | ③

| 해설 | ㉠ : $\frac{23,629}{26,456}\times 100 ≒ 89.3(\%)$

㉡ : $\frac{4,484}{28,109}\times 100 ≒ 16.0(\%)$

07 도표분석능력 자료의 수치 분석하기

| 정답 | ④

| 해설 | 20X1년부터 20X5년까지 서울시 지하철의 이용 비율은 매년 65%를 초과한 반면 시내버스의 이용 비율은 매년 35% 미만이다.

| 오답풀이 |

① 20X1년과 20X2년, 20X5년의 국내 전체의 시내버스 이용 비율은 전년 대비 감소하였다.

② 서울시의 20X0년 시내버스 이용비율은 25.6+13.2=38.8(%)이다.

③ 20X4년 국내 전체의 1주간 평균 대중교통 이용 횟수가 0－5회인 사람의 비율은 6－10회인 사람의 비율보다 더 높다.

⑤ 20X3년 서울시의 1주간 평균 대중교통 이용 횟수가 21회 이상인 사람의 비율은 전년대비 0.1%p 증가하였다.

08 도표작성능력 그래프로 변환하기

| 정답 | ③

| 해설 | 국내 전체의 대중교통 이용횟수가 주 평균 11 ~ 15회인 인원수는 20X1년은 $5,000\times\frac{16}{100}=800$(만 명), 20X5년은 $5000\times\frac{23.4}{100}=1,170$(만 명)으로, 선택지 ③의 그래프에서 해당 항목이 서로 바뀌었다.

09 문제처리능력 자료 이해하기

| 정답 | ②

| 해설 | 생활물류센터 조성현황에서 0.3평형과 0.5평형이 모두 조성되어 있는 역은 5호선 답십리역과 6호선 창신역, 7호선 중계역, 태릉입구역, 상봉역, 반포역, 이수역, 가락시장역으로 총 8개이다.

| 오답풀이 |

① 생활물류센터 조성현황에서 모든 생활물류센터가 지하 1층 ~ 3층에 위치해 있음을 알 수 있다.

③ 태릉입구역에는 생활물류센터가 3번 출구와 4번 출구에 각각 하나씩 총 두 개가 있다.

④ 생활물류센터 이용요금은 1개월보다 3개월, 6개월, 12개월이 월별 이용 요금이 더 낮다.

⑤ 생활물류센터 조성현황에 전 지역 모든 호선에 생활물류센터를 내년 말까지 완공할 예정이라고 제시돼 있다.

10 문제처리능력 자료를 도식화하여 이해하기

| 정답 | ⑤

| 해설 | 각 역별로 생활물류센터가 위치한 출구 번호와 층수를 통해 역명을 추론하면 다음과 같다.

- A : 2번 출구 B2층이므로 5호선 신정역이나 답십리역
- B : 1번 출구 B2층이므로 6호선 월드컵경기장역이나 광흥창역
- C : 4번 출구 B1층이므로 6호선 창신역이나 7호선 태릉입구역(B), 반포역
- D : 10번 출구 B3층이므로 7호선 이수역
- E : 3번 출구 B1층이므로 7호선 태릉입구역(A)이나 상봉역
- F : 5번 출구 B2층이므로 7호선 중계역

따라서 생활물류센터가 2번 출구 B1층에 위치한 7호선 가락시장역은 A ~ F 역에 해당하지 않는다.

11 문제처리능력 자료를 분석하여 방안 찾기

| 정답 | ③

| 해설 | 3개월 동안 생활물류센터를 이용하는 예산 상한이 30만 원이므로 0.3평형을 선택할 것임을 알 수 있다. 그리고 7호선 내에서 가장 높은 층인 B1층에 0.3평형 생활물류센터가 있는 역은 태릉입구역(B), 상봉역, 반포역, 가락시장역이다. 그러나 현재 비어 있는 칸수가 0인 태릉입구역과 반포역을 제외하면 가능한 역은 상봉역과 가락시장역이다.

12 문제처리능력 문제와 문제점 파악하기

| 정답 | ②

| 해설 | KTX 개통을 앞두고 진행한 개량 공사는 무궁화호와 화물열차의 추돌사고 문제의 문제점으로 보기 어렵다.

보충 플러스+

문제와 문제점
- 문제 : 원활한 업무수행을 위해 해결해야 하는 질문이나 의논 대상
- 문제점 : 문제의 근본 원인이 되는 사항으로 문제해결에 필요한 핵심 사항

13 업무이해능력 성과급 계산하기

| 정답 | ⑤

| 해설 | 성과급은 기본급×지급률이다. 이에 따라 경영 부서 직원들의 성과급을 계산하면 다음과 같다.

- 김철수 : 400×1=400(만 원)
- 나희민 : 280×1.2=336(만 원)
- 박민영 : 인사등급이 C이므로 지급하지 아니함.
- 이미래 : 230×1.5=345(만 원)
- 정해원 : 350×1.2=420(만 원)

따라서 정해원이 가장 많은 성과급을 받는다.

14 업무이해능력 지급 금액의 합계 구하기

| 정답 | ④

| 해설 | 12월에 성과급이 기본급과 함께 지급된다고 했으므로, 이를 합산하면 12월 경영부서 직원들에게 지급되는 금액의 합계를 구할 수 있다.

- 경영부서 직원들 기본급의 총합 : 400×2+350+280+230=1,660(만 원)
- 경영부서 직원들 성과급의 총합 : 400+336+345+420=1,501(만 원)

따라서 12월에 경영부서 팀원들에게 지급되는 금액의 합계는 1,660+1,501=3,161(만 원)이다.

15 업무이해능력 유급휴가비 계산하기

| 정답 | ③

| 해설 | 유급휴가비는 사용하지 않은 월차 일수×1일당 유급휴가비이다. 직원들이 받는 월차 일수는 1달에 1개씩 생기므로 총 12일이고 12에서 사용 월차개수를 뺀 값이 사용하지 않은 월차 일수가 된다. 영업1팀 각 직원들의 유급휴가비를 구하면 다음과 같다.

- 김민석 : 7×5=35(만 원)
- 노민정 : 10×3=30(만 원)
- 송민규 : 10×4=40(만 원)
- 오민아 : 9×2=18(만 원)
- 임수린 : 5×2=10(만 원)

따라서 유급휴가비를 가장 많이 받을 영업1팀 직원은 송민규이다.

16 업무이해능력 유급휴가비의 합계 구하기

| 정답 | ③

| 해설 | 영업2팀 각 직원들이 지급 받을 유급휴가비를 구하면 다음과 같다.

- 정가을 : 10×2=20(만 원)
- 최봄 : 10×3=30(만 원)
- 한여름 : 6×3=18(만 원)
- 한겨울 : 7×4=28(만 원)

• 황아라 : 11×4=44(만 원)

따라서 영업2팀에 지급될 유급휴가비의 합계는 20+30+18+28+44=140(만 원)이다.

17 컴퓨터활용능력 암호 설정하기

| 정답 | ②

| 해설 | (가)에 들어가는 숫자는 4의 세제곱 값인 64를 7로 나눈 나머지이므로 1이다. (나)에 들어가는 숫자는 4의 지수에 해당하는데, $4^{(나)}$이 7의 배수에 2를 더한 값이 되도록 해야 한다. $7\times2+2=4^2$의 경우 이를 만족하므로 (나)는 2이다.

18 컴퓨터활용능력 암호 설정하기

| 정답 | ③

| 해설 | 0을 포함한 임의의 자연수 x, y에 대하여 다음 두 식이 성립해야 한다.

• ㉡=㉠x+2

• $㉡^3$=㉠y+3

㉠은 5, ㉡은 2일 때, 2=5×0+2, 8=5×1+3으로 두 조건을 모두 만족한다.

따라서 ㉠은 5, ㉡은 2이다.

| 오답풀이 |

① 두 식 모두 성립하지 않는다.

② 아래 식이 성립하지 않는다.

④ 아래 식이 성립하지 않는다.

⑤ 두 식 모두 성립하지 않는다.

19 컴퓨터활용능력 비밀번호 찾기

| 정답 | ③

| 해설 | 출력 결과는 다음과 같다.

• 1회차 : ●●●●●●●

• 2회차 : ●○●●○●●

• 3회차 : ●●●●●●●

따라서 ○는 총 2회 출력됐다.

20 컴퓨터활용능력 비밀번호 찾기

| 정답 | ⑤

| 해설 | ○은 비밀번호의 문자와 위치가 모두 옳은 경우에 출력된다. 따라서 1회차 시도를 통해 비밀번호의 첫 번째 자리가 e, 2회차 시도를 통해 세 번째 자리가 7, 3회차 시도를 통해 두 번째 자리가 d인 것을 알 수 있다. 따라서 J의 비밀번호는 ed7이다.

21 예산관리능력 예산에 따라 제품 생산하기

| 정답 | ②

| 해설 | 상품 A를 단독으로 생산한다고 할 때 각 자원별 가용 예산을 기준으로 자원 1은 $\frac{2,300}{20}=115$(개), 자원 2는 $\frac{5000}{60}\fallingdotseq 83$(개), 자원 3은 $\frac{5,000}{15}\fallingdotseq 333$(개) 분량만큼 사용할 수 있다. 상품 생산 시 모든 자원이 동일하게 필요하므로 생산할 수 있는 상품 A의 수는 최대 83개이다.

22 예산관리능력 예산에 따라 제품 생산하기

| 정답 | ②

| 해설 | 상품 B를 단독으로 생산한다고 할 때 각 자원별 가용 예산을 기준으로 자원 1은 $\frac{2,300}{24}\fallingdotseq 95$(개), 자원 2는 $\frac{5,000}{20}=250$(개), 자원 3은 $\frac{5,000}{60}\fallingdotseq 83$(개) 분량만큼 사용할 수 있다. 상품 생산 시 모든 자원이 동일하게 필요하므로 생산할 수 있는 제품 B의 수는 최대 83개, 개당 이익은 600원이므로 최대 이익은 600×83=49,800(원)이다.

23 예산관리능력 예산에 따라 제품 생산하기

| 정답 | ①

| 해설 | 상품 A, B를 동일한 수량으로 동시에 생산하고, 상품 A와 B를 각각 1개씩 생산하는 것을 1단위라고 할 때, 상품 1단위 생산에 필요한 자원의 수와 그 개당 이익은

상품 A와 B를 각각 1개씩 생산하는 각각의 자원 사용량 및 개당 이익의 합과 같다.

각 자원별 가용 예산을 기준으로 자원 1은 상품 1단위를 $\frac{2,300}{20+24} \fallingdotseq 52$(개), 자원 2는 $\frac{5,000}{60+20} \fallingdotseq 62$(개), 자원 3은 $\frac{5,000}{15+60} \fallingdotseq 66$(개) 분량을 사용할 수 있다. 따라서 상품 52단위를 생산할 때의 이익은 $52 \times 1,800 = 93,600$(원)이다.

24 인적자원관리능력 안내문 이해하기

| 정답 | ③

| 해설 | 〈철도안전 교육 안내〉에 따르면 교육 대상은 전 사원이지만, 기타 내용은 각 팀별로 별도 전달된다. 〈주차별 안전교육 일정〉에 따르면 교육 일정에 공통 주차가 있고, 3주차와 5주차의 교육 내용이 동일한 것을 알 수 있다. 따라서 이를 통해 '철도사고를 통한 사고예방대책 및 작성 사항'과 관련된 교육은 전 사원에 대해 동시 진행되는 것이 아니라 나누어서 진행되는 것임을 알 수 있다. 그리고 그와 관련된 내용은 각 팀별로 별도 전달될 것이라 유추할 수 있다.

| 오답풀이 |

① 교육 진행자가 외부강사라는 사실만을 알 수 있을 뿐, 전문가인지의 여부와 교육 내용의 난이도는 알 수 없다.

② 업무 부담과 관련된 내용은 나와 있지 않다.

④ 철도안전법 제24조에 따르면 교육 계획은 국토교통부령에 의해 정해지는 것임을 알 수 있다.

⑤ 교육의 비용과 관련된 내용은 나와 있지 않다.

25 기술선택능력 매뉴얼 이해하기

| 정답 | ①

| 해설 | 흡입필터는 2주 단위로 청소하고 6개월(24주) 단위로 교체하므로 약 12회 청소 후 교체한다.

| 오답풀이 |

② 자동 스위치와 안전핀의 점검사항은 모두 작동확인이다.

③ 압력계는 4,800시간 사용 후 점검해야 하므로 하루 10시간씩 매일 사용한다면 480일, 즉 16개월마다 한 번씩 점검한다.

④ 매뉴얼에서 압력탱크는 응축수 배출, 점검, 교체 총 세 가지로 가장 많은 점검사항을 가진 점검대상이다.

⑤ 점검대상 중 매일 점검해야 하는 항목은 매일 가동 전 오일점검과 공기누설 점검, 가동중 이상음 및 이상진동 확인과 자동스위치 작동확인, 그리고 가동 후 압력탱크의 응축수 배출까지 총 다섯 가지이다.

26 기술선택능력 매뉴얼 이해하기

| 정답 | ⑤

| 해설 | 공기압축기를 1,200시간 이용한 시점은 하루 5시간씩 이용한다고 했을 때 개월 수로 따지면 $\frac{1,200}{5} = 240$(일)$=8$(개월)이다. 그리고 흡입/배기밸브 청소의 경우 3개월 경과마다 혹은 600시간 사용 후 1회 청소하는데, 사용 날짜와 시간 모두 확인 가능한 경우 먼저 도래한 시점을 기준으로 관리한다. 3개월이 도래한 시점에서 시간은 450시간이므로, 3개월이 먼저 도래하고 이로부터 3개월 간격으로 총 2회 청소한다.

| 오답풀이 |

① 안전핀 작동확인은 6개월 경과 혹은 1,200시간 사용 후 점검한다. 하루 5시간씩 6개월 동안 사용할 경우 총 사용시간은 900시간이므로 6개월 경과를 기준으로 계산하면 8개월 동안 총 1회 실시한다.

② 압력탱크 응축수 배출은 매일 가동 후 점검하므로 8개월 동안 총 240회 실시한다.

③ 압력탱크 점검은 1년 경과 혹은 2,400시간 사용 후 점검해야 하므로 0회 실시한다.

④ 흡입필터 청소는 2주 경과 혹은 100시간 사용 후 점검한다. 하루 5시간씩 2주 동안 사용할 경우 총 사용시간은 70시간이므로 2주 경과를 기준으로 계산하면 8개월 동안 총 16회 실시한다.

27 기술선택능력 매뉴얼 이해하기

| 정답 | ③

| 해설 | ① ~ ③에 해당하는 다섯 가지 항목을 매일 점검해야 하므로 총 $31 \times 5 = 155$(회) 점검을 실시한다. 그리고 10월 한 달 동안 총 292시간을 사용하였으므로 100시간 사용

마다 점검을 실시하는 1개 항목(흡입필터 청소)을 검토한다. 10월 11일이 되는 시점에 총 100시간을 사용하였으므로 점검을 실시하고, 다시 10월 12일부터 10월 23일까지 총 102시간을 사용하였으므로 이 날 점검을 실시한다. 7월 24일부터 31일까지는 총 90시간을 사용하였으므로, 10월 중에 해당 항목의 점검은 10월 11일과 10월 23일에 총 2회 실시하게 된다. 따라서 7월 한 달 동안의 점검 횟수는 총 155+2=157(회)이다.

28 기술선택능력 벤치마킹 이해하기

|정답| ④

|해설| 벤치마킹은 기업에서 경쟁력을 제고하기 위해 타사로부터 배워 오는 혁신 기법을 말한다. 이는 단순히 제품을 복제하는 것이 아니라 장단점을 분석하여 자사 제품의 품질과 시장 경쟁력을 높이는 것이다. 따라서 경쟁 기업의 품질 수준이 뛰어나다면 그것이 가능하도록 하는 요소를 밝혀낸 뒤 자사와 비교하여야 한다.

29 자기개발능력 자기개발 설계 이해하기

|정답| ①

|해설| 자기개발에 대한 계획은 명확하고 구체적으로 수립해야 집중적이고 효율적으로 노력할 수 있고, 자기개발의 진행과정을 손쉽게 파악할 수 있다. 다만 장기목표는 구체적인 방법으로 설계하는 것이 어렵고, 대략적으로 설계한 장기목표를 이룩하기 위한 단기목표를 구체적으로 수립하는 것이 적절하다.

30 자기개발능력 자기개발 이해하기

|정답| ②

|해설| 자기개발의 특징은 다음과 같다.

1. 자기개발에서 개발의 주체는 타인이 아니라 자기 자신이다.
2. 자기개발은 개별적인 과정으로, 자기개발을 통해 지향하는 바와 선호하는 방법은 사람마다 다르다.
3. 자기개발은 평생에 걸쳐서 이루어지는 과정이다.
4. 재기개발은 일과 관련하여 이루어지는 활동이다.
5. 자기개발은 생활 가운데 이루어져야 한다.
6. 자기개발은 모든 사람이 해야 하는 것이다.

따라서 자기개발에 대해 올바르게 이해하고 있는 사람은 B 한 명이다.

31 경력개발능력 경력개발 단계 알기

|정답| ③

|해설| 경력개발의 단계는 다음과 같다.

1. 직업 선택(출생 ~ 25세)
   자신의 장단점, 흥미, 가치관 등에 대한 탐색과 함께 희망하는 직업에서의 요구되는 능력, 환경, 가능성, 보상 등에 대한 정보를 탐색하고 자신에게 적합한 직업을 선택한다.
2. 조직 입사(18 ~ 25세)
   학교를 졸업하고 직무를 선택한다. 직무를 선택할 때 자신과 주변 환경을 고려해야 하며, 조직의 특성을 사전에 알아보아야 한다.
3. 경력 초기(25 ~ 40세, 성인 초기)
   조직 입사 후 조직의 규칙, 분위기, 직무 등을 배우며 조직에 적응하고 조직 내 자신의 입지를 다지며 업무 성과를 내거나 승진하는 데 관심을 둔다.
4. 경력 중기(40 ~ 55세, 성인 중기)
   자신의 업무 성과를 재평가하고 생산성을 유지한다.
5. 경력 말기(50대 중반 ~ 은퇴, 성인 말기)
   조직에서 생산적인 기여자로 남고, 자신의 가치를 지속적으로 유지하기 위해 노력하며, 동시에 퇴직을 고려한다.

따라서 직원 갑은 경력초기 단계에 속해 있다.

32 자아인식능력 흥미와 적성 이해하기

|정답| ④

|해설| 자신의 흥미와 적성을 찾기 위해 적성검사를 활용할 수는 있지만, 이 결과가 반드시 일터에서의 성공을 보장해 주지는 않는다.

| 오답풀이 |

① 흥미는 선천적으로 부여되는 것이기도 하지만 후천적으로 개발되어야 하는 측면 또한 있다.

② 흥미를 가지기 위해서는 일을 할 때 작은 단위로 나누어 수행함으로써 조금씩 성취감을 느끼는 것이 좋다.

③ 적성은 상대적으로 더 많이 가지고 태어나는 잠재 능력이다.

⑤ 지속적인 자기암시를 하다 보면 자신도 모르는 사이 자신감을 얻게 되고 흥미나 적성을 가지게 될 수도 있다.

33 팀워크능력 팀워크 촉진 방법 알기

| 정답 | ②

| 해설 | 팀워크를 촉진하는 방법은 다음과 같다.

1. 동료 피드백 장려하기
2. 참여적으로 의사결정을 하기
3. 창의력 조성을 위해 협력하기
4. 갈등을 해결하기

팀장 L의 경우에는 갈등을 해결하고자 공개적인 미팅을 진행하지만 이는 적절하지 않은 방법이다.

34 리더십능력 리더의 특징 파악하기

| 정답 | ④

| 해설 | 리더와 관리자의 차이는 다음과 같다.

리더	관리자
• 새로운 상황을 창조한다. • 혁신지향적이다. • 내일에 초점을 맞추고 일한다. • 사람의 마음에 불을 지핀다. • 사람을 중시한다. • 정신적 지도자이다. • 계산된 위험을 취한다. • '무엇을 할까'를 생각한다.	• 상황에 수동적이다. • 유지지향적이다. • 오늘에 초점을 맞추고 일한다. • 사람을 관리한다. • 체제나 기구를 중시한다. • 기계적 지도자이다. • 위험을 회피한다. • '어떻게 할까'를 생각한다.

따라서 리더에 해당하는 사람은 K 팀장, Y 부장이다.

35 리더십능력 임파워먼트 장애요인 알기

| 정답 | ②

| 해설 | 임파워먼트 장애요인 중 대인 차원에는 성실성의 결여, 약속 불이행, 성과를 제한하는 조직의 규범, 갈등처리 능력 부족, 승패의 태도 등이 있다. (나)는 약속 불이행에 해당한다.

| 오답풀이 |

(가), (다), (라), (마)는 모두 개인 차원의 장애 요인에 해당한다.

36 협상능력 대처 방안 파악하기

| 정답 | ④

| 해설 | D는 거래 상대방이 사전에 협의된 예산 기준에서 벗어난 제안을 하는 경우이다. 이 상황에서는 한계와 목표를 잊지 않도록 하고, 이를 바탕으로 협상을 이어가야 한다. D의 대처 방안은 상대방에 대해서 너무 많은 염려를 하는 문제 상황에서의 해결책이다.

37 공동체윤리 집단윤리와 개인윤리 이해하기

| 정답 | ②

| 해설 | 甲은 사회 집단의 도덕성이 개인의 도덕성보다 현저히 떨어진다는 것에 동의하고 있으므로 개인의 도덕이 사회적 정의로 이루어지지 않는다고 말하는 B의 주장과 유사하다.

38 직업윤리 직업의 조건 파악하기

| 정답 | ②

| 해설 | 직업의 조건은 계속성, 경제성, 윤리성, 사회성이다. 김 대리는 노동에 따른 대가로 수입을 받고 있지 않으므로, 김 대리의 일은 경제성을 지녔다 할 수 없다.

| 오답풀이 |

① 계속하여 하는 일이어야 계속성을 지닌다.

③ 비윤리적 직업이 아니어야 윤리성을 지닌다.

④ 사회적으로 가치 있고 쓸모가 있는 일이어야 사회성을 지닌다.

39 근로윤리 비윤리적인 행위 이해하기

| 정답 | ⑤

| 해설 | 비윤리적인 행위를 저지르면서 남들도 다 하는 것이기 때문에 잘못된 것이 아니라고 생각하며 자기기만적 요소를 나타내는 것은 '도덕적 태만'에 해당한다.

40 공동체윤리 직장 내 괴롭힘 이해하기

| 정답 | ④

| 해설 | ㄱ. 업무 시간 외에 개인적인 업무를 시키는 것은 직장 내 괴롭힘에 해당한다.

ㄴ. 회식에 강제로 참여시키는 것은 직장 내 괴롭힘에 해당한다.

ㄷ. 부하 직원의 아이디어를 갈취하는 것은 직장 내 괴롭힘에 해당한다.

ㄹ. 업무상의 실수를 정정하는 것이 아닌 모욕감을 주는 언행을 하는 것은 직장 내 괴롭힘에 해당한다.

| 오답풀이 |

ㅁ. 상습적으로 지각하는 부하 직원의 잘못에 대해 지적하는 것이므로 정당한 행위에 해당한다.

5회 기출예상문제

문제 160쪽

01	④	02	③	03	④	04	③	05	②
06	①	07	①	08	④	09	⑤	10	②
11	①	12	⑤	13	⑤	14	②	15	①
16	③	17	②	18	①	19	③	20	⑤
21	②	22	②	23	②	24	③	25	③
26	②	27	②	28	③	29	④	30	②
31	⑤	32	④	33	④	34	③	35	⑤
36	④	37	④	38	④	39	①	40	②

01 문서이해능력 글의 세부 내용 이해하기

| 정답 | ④

| 해설 | 지하철역 공유오피스는 역세권 이상의 이동 편의와 초접근성을 지니고, 수많은 승객이 타고 내리는 지하철 공간의 특성상 이용자들이 부수적으로 광고효과까지 노릴 수 있을 것으로 전망된다.

| 오답풀이 |

① 개인고객 대상 라운지형 상품의 출시를 검토하고 있다고만 제시되어 있다.

② 4개 역사는 조성 공사 등 시험 준비를 거친 뒤 7월에 개점할 예정이다.

③ 제시된 4개 역사의 공유오피스는 국내 최초이다.

⑤ 공유오피스는 초기 비용부담인 보증금, 중개수수료, 인테리어 비용 등이 없이도 사무실을 개설할 수 있다는 장점을 지닌다.

02 문서작성능력 제목 작성하기

| 정답 | ③

| 해설 | 제시된 보도자료의 핵심내용은 A 교통공사와 P 사가 국내 최초 지하철역 내 공유오피스를 조성한다는 것이다. 따라서 ㉠에 들어갈 제목으로는 ③이 적절하다.

03 문서이해능력 글의 세부 내용 이해하기

| 정답 | ④

| 해설 | 직원 정 씨는 근로복지공단에서 업무상 질병(적응장애)에 따른 산업재해를 인정받았다.

| 오답풀이 |

① 김 씨는 자신의 양형이 과도하다며 이미 항고 및 상고하였지만, 법원은 상담 직원들이 입은 정신적 피해가 적지 않다는 이유로 이를 받아들이지 않았다.

② 김 씨는 6개월간 욕설 및 폭언을 일삼았다.

③ 공사는 고객 응대 직원에 대한 도를 넘어선 행위에 대해서는 앞으로도 무관용 원칙하에 엄정히 대처할 것이라고 하였다.

⑤ 김 씨가 고소된 근거는 업무방해죄와 공포심 · 불안감 유발 문언 · 음향 등의 반복 전송이다.

04 문서이해능력 내용에 따라 답변하기

| 정답 | ③

| 해설 | 피해 직원의 변호사 선임을 위한 비용과 보상금의 지급에 대한 내용은 제시되어 있지 않다.

05 도표분석능력 자료의 수치 분석하기

| 정답 | ②

| 해설 | 20X9년 물류산업 종사자 수의 전년 대비 증감률은 $\frac{596,420-588,164}{588,164}\times 100 \fallingdotseq 1.4(\%)$로 5% 미만이다.

| 오답풀이 |

① 20X9년 물류산업 기업체 수의 전년 대비 증감률은 $\frac{216,627-208,260}{208,260}\times 100 \fallingdotseq 4.0(\%)$로 10% 미만이다.

③ 20X9년 물류산업 기업체 수에서 화물운송업이 차지하는 비중은 $\frac{202,954}{216,627}\times 100 \fallingdotseq 93.7(\%)$로 90% 이상이다.

④ 운수업 외 서비스업과 운수업 관련 서비스업의 기업체 수(개)와 매출액(십억 원)을 비교해 보면, 운수업 관련 서비스업은 수치가 거의 비슷한 반면에 운수업 외 서비스업은 30배 이상의 차이가 있다. 따라서 운수업 외 서비스업은 운수업 관련 서비스업보다 기업체 1개당 평균 매출액이 더 클 것이다.

⑤ 매출액의 증가액은 92,354−89,494=2,860(십억 원), 영업비용의 증가액은 84,385−81,794=2,591(십억 원)으로 매출액의 증가액이 더 많다.

06 도표작성능력 표를 그래프로 변환하기

| 정답 | ①

| 해설 | 각주에 제시된 '운수업 내 물류산업 비중' 계산식을 활용하여 계산하면 ㉠에 들어갈 값은 $\frac{596-10}{1,154}\times 100 \fallingdotseq 50.8(\%)$이다.

07 도표작성능력 표를 그래프로 변환하기

| 정답 | ①

| 해설 | ㉠ ~ ㉤에 해당하는 수치는 다음과 같이 계산할 수 있다.

㉠ : $\frac{74}{74+42}\times 100 \fallingdotseq 63(\%)$

㉡ : $\frac{26}{26+15}\times 100 \fallingdotseq 63(\%)$

㉢ : $\frac{23}{23+12}\times 100 \fallingdotseq 65(\%)$

㉣ : $\frac{4}{4+9}\times 100 \fallingdotseq 30(\%)$

㉤ : $\frac{8}{8+10}\times 100 \fallingdotseq 44(\%)$

따라서 ①이 옳지 않다.

08 도표분석능력 자료의 수치 분석하기

| 정답 | ④

| 해설 | 20X0 ~ 20X7년의 미구입자 총 인원은 새마을호가 66+49+54+48+41+27+23+28=336(천 명), 무궁화호가 42+54+30+25+26+26+23+8=234(천 명)으로 새마을호가 더 많다.

| 오답풀이 |

① 〈철도 부정승차 적발현황〉을 보면 부정승차의 적발건수와 미구입자 수 모두 매년 지속적으로 감소하였음을 알 수 있다.

② 부정승차 적발건수 중 자진신고된 건은 20X0년이 186−112=74(천 건), 20X7년이 70−50=20(천 건)으로 $\frac{74-20}{74}\times 100 ≒ 73(\%)$ 감소하였다.

③ 20X0 ~ 20X7년 동안 부정승차는 연평균 (186+166+147+136+116+96+87+70)÷8=125.5(천 건) 적발되었다.

⑤ 20X0 ~ 20X7년 동안 새마을호의 총 부정승차 적발건수는 101+74+82+74+63+49+39+40=522(천 건)으로 전체 철도의 총 부정승차 적발건수인 186+166+147+136+116+96+87+70=1,004(천 건)의 50% 이상을 차지한다.

09 문제처리능력 자료 이해하기

| 정답 | ⑤

| 해설 | 공익기관은 기관 우선순위 1위에 해당할 뿐, 무상으로 부역명 표기가 가능하다는 내용은 제시되어 있지 않다.

| 오답풀이 |

① '사업추진일정'에 의하면 심의위원회가 존재함을 알 수 있다.

② 3년 동안 기관명을 대상 역의 부역명으로 표기할 수 있고, 재입찰 없이 1회(1년)에 한하여 계약 연장이 가능하므로 최대 기간은 4년이다.

③ 모집기간은 5월 25일부터 6월 10일까지 약 보름이다.

④ '사업추진일정'에 제시되어 있다.

10 문제처리능력 기관 선정하기

| 정답 | ②

| 해설 | 가장 먼저 P 역 반경 500m 이내에 위치한 곳을 우선으로 선정하므로, 공립 미술관, R 정부청사, O 통신기업 중에서 선정한다. 공익기관일 경우 1순위로 선정되므로 공립 미술관과 R 정부청사 중에서 선정한다. 우선순위가 같을 경우에는 응찰금액이 높은 순으로 선정하는데, 두 대상의 응찰금액이 같으므로 거리가 더 가까운 R 정부청사가 선정된다.

11 문제처리능력 선입금 금액 계산하기

| 정답 | ①

| 해설 | D 타입과 E 타입을 대여한다면 최소의 금액으로 〈보기〉의 조건에 모두 부합하는 객실을 예약할 수 있다. 이 경우 대여료는 200,000+150,000=350,000(원)이고 예약 시 대여료의 20%에 해당하는 선입금을 지불하여야 하므로 350,000×0.20=70,000(원)을 지불해야 한다.

12 문제처리능력 환불 규정 이해하기

| 정답 | ⑤

| 해설 | 사용예정일은 3월 24일 금요일이고, 예약을 취소하는 시점은 3월 21일 화요일이다. 따라서 사용예정일 3일 전에 환불신청을 하는 경우이므로, 이체수수료 1,000원을 제외한 선입금의 90%를 환불받을 수 있다.

13 업무이해능력 연차수당 지급규정 이해하기

| 정답 | ⑤

| 해설 | 연차휴가 사용 촉진제의 적용을 받은 근로자는 연차유급휴가수당이 지급되지 않으므로, 윤○○에게 지급되는 연차유급휴가수당은 0원이다.

| 오답풀이 |

① 우○○의 1일 통상임금은 8만 원, 미사용 연차일수는 2일이므로 연차유급휴가수당은 8×2=16(만 원)이다.

② 임○○의 1일 통상임금은 10만 원, 미사용 연차일수는 3일이므로 연차유급휴가수당은 10×3=30(만 원)이다.

③ 연차휴가 사용 촉진제의 적용을 받은 근로자는 연차유급휴가수당이 지급되지 않는다.

④ 정○○의 1일 통상임금은 12만 원, 미사용 연차일수는 5일이므로 연차유급휴가수당은 12×5=60(만 원)이다.

14 업무이해능력 휴가 규정 이해하기

| 정답 | ②

| 해설 | 홍보부서 임○○ 차장과 정○○ 부장의 2X21년 잔여 연차휴가가 존재한다는 점을 통해 두 사람은 2X21년 연차휴가 지급 대상에 해당함을 알 수 있다. 또한 2X20년 사용자의 시기변경권 행사가 없었으므로 2X20년에서 이월된 연차휴가일은 없다고 볼 수 있다. 따라서 두 사람의 연차휴가 사용일수는 2X21년에 지급된 연차휴가일수에서 각각의 잔여 연차휴가일수를 뺀 값이 되며 이를 정리하면 다음과 같다.

- 임○○의 입사일은 2X08년 1월 1일으로 2X21년 기준으로 입사 13년차이다. 연차휴가기간은 15일을 기준으로 계속근로기간이 만 3년이 되는 시점에서 1일이 추가되고, 그 후 매 2년마다 1일씩 늘어나므로, 2X21년 임○○의 연차휴가일수는 15일에 6일이 추가되어 총 21일이 된다. 그리고 2X21년 임○○의 잔여 연차휴일이 3일이므로, 2X21년 임○○이 사용한 연차휴가일은 총 18일이다.
- 정○○의 입사일은 2X01년 1월 1일으로 2X21년 기준으로 입사 20년차이므로 2X21년 정○○의 연차휴가일수는 15일에 9일이 추가되어 총 24일이 된다. 그리고 2X21년 정○○의 잔여 연차휴일이 5일이므로, 2X21년 정○○이 사용한 연차휴가일은 총 19일이다.

따라서 두 사람의 1년간 연차휴가 사용일수의 합은 총 18+19=37(일)이다.

15 체제이해능력 조직의 구조 이해하기

| 정답 | ①

| 해설 | 각 팀의 결재 절차에 따르면 각 팀의 유관팀장과 유관본부장이 결재 시 참조를 받는다. 그리고 유관관계에 따르면 총 9개의 팀이 서로 3개의 팀 간 유관관계를 맺고 있음을 알 수 있다. 그리고 조직도에 따르면 인력관리팀, 물류관리팀, 디자인팀은 유관관계를 맺고 있는 팀이 존재하지 않으므로, 모든 팀이 한 명 이상의 유관팀장의 참조를 받는다는 것은 틀린 설명이다.

| 오답풀이 |

② '팀 간 관계'에 따르면 협력관계는 해당 사업의 필요에 따라 다른 구성으로 구성된다고 명시하고 있다.

③ 품질관리팀과 구매관리팀은 유관관계이다. 그리고 결재 절차에 따르면 팀원－팀장－본부장－대표이사로 이어지는 결재선 상에서 유관팀장과 유관본부장은 참조대상임을 알 수 있다. 따라서 품질관리팀의 서류들은 그 결재선 상에서 구매관리팀이 속한 사업지원본부장이 참조대상이 되므로, 옳은 설명이다.

④ 기존고객 관리 업무는 국내외영업팀, 대외 언론매체 관리는 홍보팀의 주요 업무에 해당한다. 조직도에 따르면 국내외영업팀과 홍보팀은 유관관계이므로 두 팀은 서로 밀접한 관계에 있음을 알 수 있다.

⑤ 신규사업 관리 업무는 경영기획팀의 주요 업무에 해당하고, 신규제품 개발 업무는 제품연구팀의 주요 업무에 해당한다. 그리고 이 둘은 유관관계에 있다.

16 체제이해능력 결재 구조 이해하기

| 정답 | ③

| 해설 | 고객맞춤형 광고 TF팀의 업무 프로세스 중 상품/제품 매출분석과 상품/제품 홍보전략 수립은 마케팅팀, 고객니즈 분석은 제품연구팀, 홍보전략 교육은 국내외영업팀, 상품/제품 언론 광고는 홍보팀의 주요 업무에 속한다. 각 과업이 끝날 때마다 해당 과업을 담당하는 팀장에게 결재를 받아야 하므로, 과업 프로세스에 따라 마케팅팀 → 제품연구팀 → 마케팅팀 → 국내외영업팀 → 홍보팀 순서로 결재를 받는다.

이후 최종 결재는 대표이사 또는 마지막 과업을 수행하는 본부의 장이 수행한다고 명시하고 있으므로 최종결재는 대표이사 혹은 마지막 결재를 담당한 홍보팀이 속한 마케팅본부장의 결재를 받게 된다.

| 오답풀이 |

①, ② 각 과업이 끝날 때 마다 해당 과업을 수행하는 팀장에게 결재를 받아야 하므로 상품/제품 홍보전략 수립 이후 마케팅팀장에게 두 번째로 결재를 받아야 한다.

④ 마지막 결재인 상품/제품 언론 광고에 관한 결재는 결재 절차에 따라 홍보팀장의 결재를 거친 후 최종결재자인 대표이사 혹은 마케팅본부장의 결재를 받아야 한다.

⑤ TF팀의 최종결재에 대해 본부의 장이 결재한 경우 대표이사의 결재는 생략한다고 명시하고 있다.

17 정보능력 프로그램 조작법 이해하기

| 정답 | ②

| 해설 | System Code가 C#인 경우는 모든 장치의 Error Code를 선정하므로, 시스템에 포함된 장치가 3개 이상인 경우에는 FV의 절댓값이 3을 초과할 수 있다.

| 오답풀이 |

① System Code에 대한 설명에 따라 옳은 설명이다.

③ FV가 −1일 경우의 입력 코드는 Yellow, −1보다 작을 경우의 입력 코드는 Green이다.

④ SV와 FEV를 비교했을 때의 SV>FEV면 FV의 조정값은 −1, SV=FEV라면 FV의 조정값은 0, SV<FEV면 FV의 조정값은 +1이 된다.

⑤ System Code가 D#이고 먼저 발견된 Error Code의 SV가 FEV보다 작으면 FV의 조정값은 +1이 된다. 따라서 그 다음으로 발견된 Error Code로 산출되는 FV의 조정값에 따라 최종적으로 산출되는 FV의 값은 0, 1, 2 중 하나의 값을 가지게 되며, 이때의 입력코드는 각각 Orange, Red, Black이다.

18 정보능력 프로그램 조작법 이해하기

| 정답 | ①

| 해설 | System Code가 C#, System Type이 64#이므로 나타난 모든 Error Code의 EV를 평균한 값이 FEV가 된다.

- X 장치의 SV는 21, FEV는 $\frac{18+5+22}{3}=15$이므로 SV>FEV가 되어 FV값에 −1
- Y 장치의 SV는 10, FEV는 $\frac{10+10+10}{3}=10$이므로 SV=FEV가 되어 FV값에 0
- Z 장치의 SV는 12, FEV는 $\frac{6+20+1}{3}=9$이므로 SV>FEV가 되어 FV값에 −1

따라서 최종 산출된 FV값은 −1+0−1=−2이므로 입력 코드는 Green이다.

19 정보능력 프로그램 조작법 이해하기

| 정답 | ③

| 해설 | System Code가 D#, System Type이 32#이므로 먼저 발견된 두 개의 Error Code에 있는 각 장치별 EV 중에서 최댓값과 최솟값을 평균한 값이 각각의 FEV가 된다. 문제에서 먼저 발견된 Error Code는 U 장치와 S 장치이다.

- U 장치의 SV는 32, FEV는 $\frac{60+2}{2}=31$이므로 SV>FEV가 되어 FV값에 −1
- S 장치의 SV는 44, FEV는 $\frac{98+2}{2}=50$이므로 SV<FEV가 되어 FV값에 +1

따라서 최종 산출된 FV값은 −1+1=0이므로 입력 코드는 Orange이다.

20 정보능력 프로그램 조작법 이해하기

| 정답 | ⑤

| 해설 | System Code가 E#, System Type이 64#이므로 SV값이 제일 큰 Error Code 2개를 선정하여 해당 장치의 모든 EV를 평균한 값이 각각의 FEV가 된다. 문제에서 SV값이 제일 큰 Error Code 2개는 Q 장치와 R 장치이다.

- Q 장치의 SV는 50, FEV는 $\frac{9+50+100}{3}=53$이므로 SV<FEV가 되어 FV값에 +1
- R 장치의 SV는 52, FEV는 $\frac{99+33+60}{3}=64$이므로 SV<FEV가 되어 FV값에 +1

따라서 최종 산출된 FV값은 1+1=2이므로 입력 코드는 Black이다.

21 시간관리능력 최소 이동시간 구하기

| 정답 | ②

| 해설 | 한양본부에서 지점 C 점검 후 본부로 복귀하는 최소 시간 경로는 다음과 같다.

- 한양시청역에서 1호선 승차 : 2분
- 한양시청역에서 1호선으로 장군나루역까지 3개역 이동 : 3×3=9(분)

- 1호선→3호선 환승 : 3분
- 장군나루역에서 3호선으로 7개역 이동 : 5×7=35(분)
- 3호선 지점 C에서 하차 : 2분
- 지점 C에서 시설 점검 : 30분
- 지점 C에서 승차 후 한양시청역으로 돌아와 하차 : 2+35+3+9+2=51(분)

따라서 소요되는 최소 시간은 총 51+30+51=132(분)이다.

22 예산관리능력 승차 요금 구하기

| 정답 | ②

| 해설 | 한양본부에서 지점 B, E 점검 후 복귀하는 최소 승차 요금 경로는 다음과 같다.

- 한양시청역→중구역→지점 B까지 총 10개역 승차 : 1,300원
- 지점 B→국제항구역→지점 E까지 총 19개역 승차 : 1,450원
- 지점 E→한양곶역→한양시청역까지 총 12개역 승차 : 1,350원

따라서 총 승차요금은 1,300+1,450+1,350=4,100(원)이다.

23 시간관리능력 최소 시간 이동경로 구하기

| 정답 | ②

| 해설 | 한양본부에서 출발해 지점 A, B, C, D 순으로 점검 후 복귀하는 최소 시간 경로는 다음과 같다.

- 한양본부 → 지점 A

  1호선을 타고 10개의 역을 이동한다.
- 지점 A → 지점 B

  두 가지 경로를 고려해 볼 수 있다.

  i) 지점 A에서 1호선을 타고 북구로 이동 후, 북구에서 4호선으로 환승하여 봉무향교역으로 이동하여 2호선으로 다시 환승하는 경우이다. 이때 소요되는 시간은 승하차 시간을 제외하고 45분이다.

  ii) 지점 A에서 중구로 이동한 후, 2호선으로 환승하는 경우이다. 이때 소요되는 시간은 승하차 시간을 제외하고 42분이다.

  그러므로 최소 시간 경로는 중구에서 환승하는 경우이다.
- 지점 B → 지점 C

  2호선을 타고 봉무향교까지 이동 후, 4호선으로 환승하여 대한대입구까지 이동한다. 이때 4호선을 이용하여 이동할 역의 개수는 환승역인 대한대입구를 제외하고 5개이다.
- 지점 C → 지점 D

  두 가지 경로를 고려해 볼 수 있다.

  i) 지점 C에서 3호선을 타고 장군나루역까지 이동 후, 1호선으로 환승하는 경우이다. 이때 소요되는 시간은 승하차 시간을 제외하고 59분이다.

  ii) 지점 C에서 3호선을 타고 대한대입구까지 이동 후 4호선을 타고 한양곶까지 이동하여, 1호선으로 다시 환승하는 경우이다. 이때 소요되는 시간은 승하차 시간을 제외하고 61분이다.

  그러므로 최소 시간 경로는 장군나루에서 환승하는 경우이다.
- 지점 D → 본부

  1호선을 타고 본부까지 이동한다.

따라서 4호선으로 이동할 역의 수는 5개이다.

24 시간관리능력 열차 정차 시간 구하기

| 정답 | ③

| 해설 | 〈보기〉를 참고하여 봉은사역에서의 정차시간을 구하면, 종합운동장역에서 봉은사역까지의 소요시간은 3분 30초이고 봉은사역에서 선정릉역까지의 소요시간은 4분 12초이다. 여기에 봉은사역에서 정차한 시간을 합하면 종합운동장역에서 선정릉역까지의 소요시간인 8분 2초가 되어야 하므로 봉은사역에서 20초 정차하였음을 알 수 있다. 이와 같은 방법으로 각 역에서의 정차시간을 구하면 다음과 같다.

역	정차시간	역	정차시간
봉은사	20초	노량진	21초
선정릉	18초	여의도	40초
신논현	22초	당산	21초
고속터미널	30초	염창	16초
동작	24초	가양	15초

따라서 정차시간이 동일한 역은 노량진과 당산이다.

25 기술이해능력 자료 이해하기

| 정답 | ③

| 해설 | 차량정지표지와 차막이표지의 디자인은 동일하지 않다.

| 오답풀이 |

④ 제동취급주의표지와 제동취급경고표지는 삼각형의 형태로 제시된 주요철도표시의 다른 열차표지들과 구분이 가능하다.

26 기술이해능력 올바른 철도표시 이해하기

| 정답 | ②

| 해설 | □□역 이후에야 속도제한 및 소음 최소화 구간이 종료되는 것이므로 □□역에서 기적표지는 올바르지 않는다.

| 오답풀이 |

① 기적제한표지 : 인근에 주택가 등 소음 최소화 구간이 존재하므로 적절하다.

③ 선로작업표지 : 노선 일부가 선로작업 중이므로 적절하다.

④ 속도제한표지 : 60km/h 속도제한이므로 적절하다.

⑤ 열차정지표지 : 해당 노선 일부에서 차량을 정지시켜야 하므로 적절하다.

27 기술이해능력 적절한 철도표지 이해하기

| 정답 | ②

| 해설 | □□역과 ○○역에는 선로전환기가 존재하므로 선로전환기표지를 설치해야한다.

| 오답풀이 |

④ 제동취급경고표지가 아니라 제동취급주의표지를 설치해야 적절하다.

28 기술능력 산업 재해 예방하기

| 정답 | ③

| 해설 | (가) 안전 관리 조직 단계에서 경영자는 안전 목표를 설정하고 안전 관리 책임자를 선정하며 안전계획을 수립하고 이를 시행 감독해야 하므로 ㉡이 들어가야 한다. (나) 안전기획단계에서는 단기 플랜뿐만 아니라 중장기 플랜과 연계하여 기획해야 하므로 ㉠이 들어가야 한다. 마지막으로 (다) 안전지원(안전활동)에는 ㉢이 들어가야 한다.

29 경력개발능력 경력개발 관련 이슈 알기

| 정답 | ④

| 해설 | 제시된 자료를 통해 투잡에 대한 긍정적 인식과 새로운 노동형태의 증가를 파악할 수 있다. 새롭게 등장한 노동자들은 전문성을 갖추기 위해 특정 조직 안에 고용된 사람들과는 다른 방식으로 경력개발 준비를 해야 한다.

30 자기개발능력 자기개발 이해하기

| 정답 | ②

| 해설 | 자기개발의 구성요소는 자아인식, 자기관리, 경력개발이다.

31 경력개발능력 경력 단계의 특징 이해하기

| 정답 | ⑤

| 해설 | ㉠ ~ ㉤에 들어갈 말은 다음과 같다.

㉠ 나는 지금까지 조직에 입사하는 과정에서 어떠한 경험을 하였는가?

㉡ 나는 직무와 조직의 규칙과 규범을 배우기 위하여 어떤 노력을 해야 하는가?

㉢ 나는 직무와 조직의 규칙과 규범을 위해 어떤 노력을 하고 있는가?

㉣ 나는 직무와 조직에서 안정기(정체기)에 접어들면 어떤 노력이 필요하고, 어떠한 생각을 가질 것 같은가?

㉤ 나는 직무와 조직에서 안정기(정체기)에 접어들면서 생각하고 준비한 것은 어느 정도 이루어졌는가?

한편 퇴직과 그 이후의 삶을 고려하는 단계는 경력 말기에 해당한다.

32 자아인식능력 올바른 성찰하기

| 정답 | ④

| 해설 | 성찰은 어느 날 갑자기 되는 것이 아니라 지속적인 연습에 의해 몸에 익히게 되는 것이므로 직원 D의 발언은 적절하지 않다.

33 대인관계능력 대인관계 향상 방법 이해하기

| 정답 | ④

| 해설 | C는 본인이 제시한 기간 내에 업무를 끝마침으로써 오히려 신용을 더 높일 수 있었다.

34 갈등관리능력 갈등 해결 방법 이해하기

| 정답 | ③

| 해설 | 갈등 해결을 위해서 조직원들과 대화를 피하지 않고 눈을 마주치는 태도가 좋으며, 갈등 해결 모델을 정해두기보다 갈등 상황에 맞춰 적절한 모델을 선택하는 것이 좋다.

| 오답풀이 |

㉡ 리더여도 잘못된 판단을 할 가능성이 있으며 강압적으로 따르라고 하는 방식은 갈등 해결 방법으로 바람직하지 않다.

35 팀워크능력 효과적인 팀의 특징 파악하기

| 정답 | ⑤

| 해설 | 효과적인 팀은 의견 불일치가 발생할 때 이를 개방적으로 다룬다. 팀원들은 갈등의 존재를 인정하며 상호신뢰를 바탕으로 솔직하게 토의를 통해 갈등을 해결한다. 〈보고서〉에 따르면 이 과장의 태스크 포스팀은 의견 불일치가 있을 시 팀장의 의견을 따른다고 했으므로 이는 적절하지 않으며 의견 불일치를 건설적으로 해결해야 한다.

36 리더십능력 동기부여의 방법 이해하기

| 정답 | ④

| 해설 | 강사 E가 제시한 동기부여의 방법은 조직원의 자발성과 책임감에 중점을 둔 방법이다. 동기부여의 방법 중 창의적 문제해결법을 모색하는 것은 창의적인 해결책을 스스로 찾고 책임지도록 하는 방법으로 자발성을 통해 업무에 열의를 가질 수 있게 하는 방법이다.

37 직업윤리 윤리 이해하기

| 정답 | ④

| 해설 | 윤리적 가치는 사회 질서를 유지하며 개인의 행복과 모든 사람의 행복을 보장하기에 중요하다. 따라서 윤리적으로 살다 보면 개인의 행복을 보장받지 못한다는 것은 적절하지 않다.

38 공동체윤리 상호존중의 문화 이해하기

| 정답 | ④

| 해설 | 한국의 기업문화는 공동체의 단합을 요구하지만 이를 이유로 개인의 다양성을 희생시키는 것은 적절한 상호존중의 문화가 아니다. 협력하는 기업의 분위기를 중시하되 개개인의 다양성을 존중해 주며 상호존중의 문화를 구축하는 것이 바람직하다.

39 공동체윤리 직장 내 괴롭힘 이해하기

| 정답 | ①

| 해설 | 제시된 취업규칙은 직장 내 괴롭힘 예방 및 금지를 위한 것으로 예절의 핵심 정신이 결여되어 상호 간 존중과 배려가 사라진 현재 우리 사회의 현실을 반영하고 있다고 볼 수 있다.

| 오답풀이 |

② 직장 내에서의 예절의 부재는 업무의 효율을 저해하는 요소이다.

③ 예절은 일정한 생활문화권에서 오랜 생활습관을 통해 하나의 공통된 생활방법으로 정립되어 관습적으로 행해지는 사회계약적인 생활규범으로 문화권에 따라 다른 형식을 지닐 수 있다.

④ 상대를 존중하는 마음은 예절의 핵심이다.

⑤ 사회적, 윤리적으로 금지되거나 비난의 대상이 되는 행위는 지양하는 것이 공동체윤리이다.

40 근로윤리 근면한 태도 이해하기

| 정답 | ②

| 해설 | 근면은 한국인들의 대표적인 이미지로 표현되며, 한국사회의 긍정적 부분과 함께 부정적 부분을 강조한다.

6회 기출예상문제

문제 196쪽

01	④	02	⑤	03	①	04	④	05	②
06	①	07	⑤	08	④	09	⑤	10	①
11	⑤	12	③	13	①	14	②	15	④
16	①	17	④	18	④	19	⑤	20	②
21	③	22	⑤	23	①	24	⑤	25	④
26	①	27	④	28	②	29	⑤	30	⑤
31	③	32	①	33	④	34	④	35	③
36	④	37	③	38	①	39	②	40	③

01 문서이해능력 공지사항 이해하기

| 정답 | ④

| 해설 | 지난 인구주택총조사와 관련된 내용은 제시된 글에 나와 있지 않다.

| 오답풀이 |

① 인구주택총조사 시행의 법적 근거는 통계법 제5조의3, 지정통계(동법 제17조 제1항)이다.

② 인구주택총조사의 방문조사는 11월 1일부터 11월 18일까지 총 18일간 진행된다.

③ 대한민국 영토 내에 상주하는 모든 내 · 외국인과 이들이 살고 있는 거처를 조사대상으로 한다.

⑤ 방문조사 대상은 방문조사 기간에도 대면 조사와 비대면 조사를 선택할 수 있으며, 비대면 조사의 방법으로는 인터넷조사가 있다.

02 문서이해능력 조사표의 내용 확인하기

| 정답 | ⑤

| 해설 | 제시된 조사표는 전수조사가 아닌 방문조사표이므로 표본조사에 해당하며, 표본조사는 20X1년 3월부터 12월까지 결과를 공표한다.

| 오답풀이 |

① 해당 조사의 실시기관은 지방자치단체이다.

②, ③ 조사내용 중 '가족구조 변화'에 해당한다.

④ 조사내용 중 '안전한 사회'에 해당한다.

03 문서이해능력 공고문 이해하기

|정답| ①

|해설| 추가 도입기관 없이 총 사업비가 5억 원인 사업은 총 사업비의 50%인 2억 5천만 원 이내인 최대 2억 원을 지원받을 수 있다.

|오답풀이|

② 스마트 산단 소재 기업은 6대 뿌리기술에 해당하지 않는다.

③ 지원 제외 사유에 해당하는지 여부는 접수마감일을 기준으로 판단한다.

④ 제시된 자료에 언급되어 있지 않다.

⑤ 전사적 시스템 구축인 MES는 지원불가 대상이다.

04 문서이해능력 공고문 이해하기

|정답| ④

|해설| 경영정상화 약정을 체결하는 기관은 중소기업지원기관이 아닌 채권금융기관 협의회이다.

|오답풀이|

① 열처리 기술은 6대 뿌리기술에 해당한다.

② 도입기관 참여가 필수는 아니지만 도입기관이 사업에 많이 참여하면 우대를 받을 수 있다. 또한 금융 관련 채무불이행 상태인 기관은 지원 제외 사항에 해당한다.

③ 표면처리 기술은 6대 뿌리기술에 해당한다.

⑤ 신청기간은 2월 28일까지이다.

05 도표분석능력 자료의 수치 분석하기

|정답| ②

|해설| 이용인원 상위 4개 동은 1월에는 가동, 나동, 다동, 라동이지만 2월에는 가동, 다동, 라동, 마동이다.

|오답풀이|

① 2022년 1분기에 이용인원이 지속적으로 감소한 지역구는 G 구, H 구로 2개이다.

③ A 구의 가 ~ 바동 중 1분기에 이용인원이 지속적으로 증가한 동은 가동, 다동, 라동, 마동, 바동으로 5개이다.

④ 1월에 이용인원이 가장 많은 지역구는 B 구로 이용인원이 가장 적은 지역구인 A 구 이용인원의 $\frac{92,000}{4,455} \fallingdotseq 20.65$ (배)이다.

⑤ 2022년 1분기 I 구 이용인원은 해당 기간 전체 이용인원의 $\frac{9,800}{484,541} \times 100 \fallingdotseq 2.02$(%)를 차지한다.

06 도표분석능력 자료를 바탕으로 수치 계산하기

|정답| ①

|해설| ㉠ 22,000+6,800+6,800=35,600

㉡ 400+470+500=1,370

07 도표분석능력 자료를 바탕으로 수치 계산하기

|정답| ⑤

|해설| ㉠ ~ ㉤에 들어갈 수치를 계산하면 다음과 같다.

㉠ 1,813−584=1,229

㉡ 37,380−40,801=−3,421

㉢ 127,622−127,560=62

㉣ 28,313−0=28,313

㉤ −149,547−(−143,682)=−5,865

08 도표분석능력 자료를 바탕으로 수치 계산하기

|정답| ④

|해설| (가) ~ (다)에 들어갈 수치를 계산하면 다음과 같다.

(가) $\frac{-1,180}{1,684} \times 100 \fallingdotseq -70.1$(%)

(나) $\frac{-1,104}{1,240} \times 100 \fallingdotseq -89.0$(%)

(다) $\frac{-706}{1,751} \times 100 \fallingdotseq -40.3$(%)

09 문제처리능력 자료 이해하기

| 정답 | ⑤

| 해설 | 공연콘텐츠 제작 · 배급 관련 개최경비 지원을 받기 위해서는 신규 발굴과 보유 콘텐츠 모두를 이용할 수 있다.

| 오답풀이 |

① 문예회관–예술단체 교류협력 프로그램의 변경 전 이름은 지역아트페스티벌이었다.
② '지원비율'을 통해 알 수 있다.
③ 해당 사업의 주최 및 시행은 한국문화예술회관연합회가 한다.
④ 민간예술단체, 국공립예술단체 우수공연 프로그램에는 우수공연에 대한 초청경비를 지원해 준다.

10 문제처리능력 지원비율 추론하기

| 정답 | ①

| 해설 | A 구는 문예회관의 소재지이며 재정자립도가 20% 이상이다. 따라서 민간예술단체 우수공연프로그램을 지원할 경우 받을 수 있는 지원비율이 60%로 가장 높다.

| 오답풀이 |

② 최대 지원비율은 30%이다.
③ 지원비율은 30%이다.
④ 지원비율은 50%이다.
⑤ 지원비율은 40%이다.

11 문제처리능력 자료 이해하기

| 정답 | ⑤

| 해설 | 영업비밀 유출 피해 입증과 관련된 디지털 증거자료 분석 후 분석 결과를 민간기관에 교차 검증을 실시한다.

| 오답풀이 |

① '지원절차'의 '증거 수집'을 통해 확인할 수 있다.
② 신청접수, 사전 준비, 증거 수집, 증거 분석, 결과 제공의 5단계에 걸쳐 진행된다.
③ 홈페이지 신청 이외에도 대표메일 접수, 서면을 통한 직접 제출이 가능하다.
④ '지원절차'의 '신청 접수'를 통해 확인할 수 있다.

12 문제처리능력 신청서 반려 이유 추론하기

| 정답 | ③

| 해설 | 작성한 신청서에는 반려될 이유가 나타나 있지 않으므로, 90개의 기업이 이미 사업에 신청하여 조기 마감되었음을 추론할 수 있다.

| 오답풀이 |

① 사업 신청기간 내에 신청서를 제출하였다.
②, ④ Y 기업은 영업비밀 유출 피해가 의심되어 증거 확보가 필요한 상시 직원 300명 이하의 중소기업이다.
⑤ 서면 제출은 본 사업에서 요구하는 신청 방법이다.

13 업무이해능력 근태 규정 이해하기

| 정답 | ①

| 해설 | 근태 규정에 따르면 출퇴근 시각 및 일일 근무시간은 재량으로 하되, 주당 법정근로시간 40시간과 연장근로시간 12시간을 지킬 것을 요구하고 있으나, 13시부터 17시까지를 필수근무시간으로 규정하고 있다는 점을 통해 실제로는 최소 13시 이전에는 출근하고 17시 이후에 퇴근해야 한다는 출퇴근 시각의 제한이 존재한다.

| 오답풀이 |

② 근무기록의 〈비고 유형〉에 따르면 일요일은 휴일이다.
③ 12시부터 13시까지의 중식시간과 18시부터 18시 30분까지의 석식시간은 일일 근무시간에서 제외한다.
④ 〈벌점 제도〉에 따르면 벌점에 의한 감봉은 추가수당에 영향을 준다.
⑤ 〈비고 유형〉과 20X9년 2월 5일의 근무기록에 따르면 교육 사유로의 외출 시간은 기본근무로 인정하고 있다.

14 업무이해능력 근태 규정 이해하기

| 정답 | ②

| 해설 | 한 주당 최대 근로 가능 시간은 법정근로시간 40시간과 연장근로시간 12시간을 합친 총 52시간이다. 〈보기〉의 내용을 추가하여 20X9년 2월 1일부터 2월 7일까지의 각 일자별 근로시간을 구하면 다음과 같다.

근무일자	근무시간 (출근－퇴근)	외출 (외출－복귀)	근무 제외시간 (제외사유)	근로시간
20X9. 02. 01.	13:00 ~ 23:00	–	30분 (석식)	9시간 30분
20X9. 02. 02.	12:00 ~ 22:00	–	1시간 30분 (중식, 석식)	8시간 30분
20X9. 02. 03.	08:00 ~ 20:00	–	1시간 30분 (중식, 석식)	10시간 30분
20X9. 02. 04	09:00 ~ 23:00	20:00 ~ 22:00	3시간 30분 (중식, 석식, 외출)	10시간 30분
20X9. 02. 05.	09:00 ~ 18:00	13:00 ~ 18:00 (교육 외출)	1시간 (중식)	8시간
2월 5일까지의 총 근로시간				47시간
20X9. 02. 06.	09:00 ~ (㉠)	–	??	5시간
20X9. 02. 07.	휴일(일요일)			
2월 7일까지의 총 근로시간				52시간

따라서 20X9년 2월 6일을 제외한 근무시간의 합은 총 47시간이며, 이 중 일일 법정근로시간인 8시간을 초과한 초과근무시간의 합은 총 7시간이다. 따라서 최대 근로 가능 시간까지 근무하였을 때의 20X9년 2월 6일의 총 근무시간은 5시간이다. 한편 20X9년 2월 6일의 출근시간은 9시이므로, 퇴근시간은 근무시간 5시간과 중식시간 1시간을 합하여 6시간 뒤인 15시가 된다.

15 업무이해능력 근태 규정 이해하기

| 정답 | ④

| 해설 | 2월 8일부터 2월 14일까지의 추가수당을 구하기 위해 해당 일자의 근무시간을 정리하면 다음과 같다.

근무일자	근무시간 (출근－퇴근)	근무 제외시간 (제외사유)	근로 시간	일일 연장 근로시간	비고
20X9. 02. 08.	10:00 ~ 17:00	1시간 (중식)	6시간	–	
20X9. 02. 09.	11:00 ~ 21:00	1시간 30분 (중식, 석식)	8시간 30분	30분	
20X9. 02. 10.	9:00 ~ 19:30	1시간 30분 (중식, 석식)	9시간	1시간	
20X9. 02. 11.	11:30 ~ 21:00	1시간 30분 (중식, 석식)	8시간	–	당직
20X9. 02. 12.	10:00 ~ 20:00	1시간 30분 (중식, 석식)	8시간 30분	30분	
20X9. 02. 13.	15:00 ~ 17:00	–	2시간	–	벌점 2점
20X9. 02. 14.	일요일				

20X9년 2월 13일에는 코어타임에 자리를 비우게 되어 벌점 2점을 받았으나, 〈벌점 제도〉에서 벌점 3점부터 추가수당이 감봉되므로 추가수당에는 영향이 없다. 따라서 지급받게 되는 추가수당은 연장근로 2시간에 의한 추가수당 40,000원과 2월 11일 당직근무에 따른 추가수당 80,000원을 합하여 총 120,000원이다.

16 경영이해능력 미션과 비전 이해하기

| 정답 | ①

| 해설 | 미션은 조직의 존재 이유로서 기업이 생존하는 한 절대 변하지 않는 목적이고, 비전은 오랜 기간 동안 유지되지만 정기적으로 변하는 요소로서 '언제까지 어떠한 회사가 된다'라는 미래 조직의 궁극적인 도달 목표, 바람직한 모습 등을 나타내는 것이다. 김 팀장은 미션과 비전을 반대로 설명하고 있으므로 적절하지 못한 발언이다.

17 컴퓨터활용능력 시스템 모니터링 코드 이해하기

| 정답 | ④

| 해설 | 시스템 상태에서 가장 낮은 등급은 Result Value가 0 이하인 '안전'이며, '정지'는 Result Value가 50을 초과하는 가장 높은 등급이다.

| 오답풀이 |

③ 산출 코드의 대 · 소문자에 따라 Error Value의 산출식이 달라진다.

⑤ Error Value의 총합, 즉 Result Value가 음수인 경우의 시스템 상태는 '안전'이다.

18 컴퓨터활용능력 시스템 모니터링 코드 이해하기

| 정답 | ④

| 해설 | • ErrorAlert m30 −1 : 30×(−1)=−30

• ErrorAlert N20 2 : 20×2×2=80

• ErrorAlert m40 0 : 40×0=0

따라서 Result Value는 −30+80+0=50으로 '위험'에 해당하므로 'M8nta'을 입력해야 한다.

19 컴퓨터활용능력 시스템 모니터링 코드 이해하기

| 정답 | ⑤

| 해설 | • ErrorAlert t80 0 : 80×0=0

• ErrorAlert A10 1 : 10×1×2=20

• ErrorAlert b35 1 : 35×1=35

따라서 Result Value는 0+20+35=55로 '정지'에 해당하므로 '8lack'을 입력해야 한다.

20 컴퓨터활용능력 시스템 모니터링 코드 이해하기

| 정답 | ②

| 해설 | • ErrorAlert R13 1 : 13×1×2=26

• ErrorAlert L29 −1 : 29×(−1)×2=−58

• ErrorAlert L10 2 : 10×2×2=40

따라서 Result Value는 26+(−58)+40=8로 '주의'에 해당하므로 '0reen'을 입력해야 한다.

21 인적자원관리능력 부서 배치하기

| 정답 | ③

| 해설 | 우선 희망 부서의 지망 순서와 관계없이 연수 부서와 희망 부서가 일치하는 가, 나를 각각 총무팀과 영업팀에 배치한 후, 나머지 신입사원들을 직원 평가 점수가 가장 높은 순서대로 배치한다.

기준 / 신입사원	직원 평가 점수	희망 부서 (1지망)	희망 부서 (2지망)	배치 부서
가	연수 부서로 배치			총무팀
나				영업팀
마	5점	영업팀	홍보팀	영업팀
라	4점	총무팀	생산팀	총무팀
바	3점	생산팀	총무팀	생산팀
사	3점	생산팀	총무팀	생산팀
아	2점	총무팀	영업팀	홍보팀
다	1점	영업팀	홍보팀	홍보팀

따라서 생산팀에 배치되는 사원은 바, 사이다.

22 인적자원관리능력 부서 배치하기

| 정답 | ⑤

| 해설 | 아 사원은 1지망 총무팀, 2지망 영업팀을 희망하였으나 실제로는 홍보팀에 배치된다.

23 인적자원관리능력 부서 배치하기

| 정답 | ①

| 해설 | 모든 신입사원을 직원 평가 점수가 높은 순서대로 정렬하여 희망 부서에 따라 부서를 배치하면 다음과 같다.

기준 / 신입사원	직원 평가 점수	희망 부서 (1지망)	희망 부서 (2지망)	배치 부서
마	5점	영업팀	홍보팀	영업팀
가	4점	영업팀	총무팀	영업팀
라	4점	총무팀	생산팀	총무팀
나	3점	총무팀	영업팀	총무팀
바	3점	생산팀	총무팀	생산팀
사	3점	생산팀	총무팀	생산팀
아	2점	총무팀	영업팀	홍보팀
다	1점	영업팀	홍보팀	홍보팀

따라서 영업팀에 배치되는 사원은 가, 마이다.

24 자원관리능력 자원의 특징과 낭비요인 파악하기

| 정답 | ⑤

| 해설 | 자원이란 기업 활동을 위해 사용되는 시간, 예산, 물적, 인적자원으로 이들은 유한성이라는 공통점을 가지고 있다. 이러한 특징으로 인해 자원을 효과적으로 확보, 유지, 활용하는 것이 매우 중요하다. 자원을 낭비하는 요인으로는 비계획적인 행동, 편리성 추구, 자원에 대한 인식 부재, 노하우 부족이 있다.

25 기술이해능력 점검 완료 시기 구하기

| 정답 | ④

| 해설 | 철도사고로 인한 특수 유지보수작업을 시행한 경우 선로 점검 대상은 궤도틀림, 선로순회, 레일 초음파 탐상, 침목 점검, 도상, 이음매부 점검이다. 그 중 본선과 분기기 중 분기기를 6월부터 점검해야하는데 궤도틀림은 6월, 선로순회와 침목 점검은 7월, 이음매부 점검은 9월, 도상은 10월, 레일 초음파 탐상은 11월에 최초 점검이 완료된다. 따라서 모든 항목에 대하여 최소 1회 점검이 완료되는 월은 11월이다.

26 기술이해능력 최소 점검 기간 구하기

| 정답 | ①

| 해설 | 사원 J가 점검해야 할 분기기 중 점검가능일정의 간격이 가장 넓은 도상과 레일 초음파 탐상의 마지막 점검은 10월이므로 한계선을 10월로 잡는다. 9월에는 이음매부 점검과 도유기, 8월에는 곡선 반경이 600m 이하인 본선의 레일마모 점검이 가능하다. 남은 선로순회와 본선의 궤도틀림, 침목 점검은 7월에 점검한다. 즉, 1회 점검이 완료되는데 걸리는 최소 기간은 총 3개월로 7월부터 10월이다.

27 기술능력 기술과 기술능력의 개념 알기

| 정답 | ④

| 해설 | 기술능력은 직업에 종사하기 위해 모든 사람들이 필요로 하는 능력으로 넓은 의미로 기술교양(Technical Literacy)이라는 개념으로 사용될 수 있으며, 기술교양의 개념을 보다 구체화시킨 개념으로 볼 수 있다.

28 기술능력 산업재해 이해하기

| 정답 | ②

| 해설 | 산업재해보상보험법 제37조 제1항 제4호에 따라 업무상 질병도 산업재해로 인정될 수 있다.

| 오답풀이 |

① 산업안전보건법 제2조에 따르면 산업재해란 노무를 제공하는 자가 업무에 관계되는 건설물 · 설비 · 원재료 · 가스 · 증기 · 분진 등에 의하거나 작업 또는 그 밖의 업무로 인하여 사망 또는 부상하거나 질병에 걸리는 것이다.

③ 산업재해보상보험법 제37조 제1항 제3호에 따라 출퇴근 재해도 산업재해로 인정될 수 있다.

④ 산업재해보상보험법 제36조에 따라 사업주는 근로자에게 요양급여, 휴업급여, 장해급여 등에 대한 책임을 지게 된다.

⑤ 산업안전보건법의 각종 벌칙규정들은 그 처벌 대상을 사업주로 국한하지 않고 산업재해의 발생에 책임이 있는 자를 처벌 대상으로 규정하고 있다.

29 자기관리능력 올바른 거절 방법 이해하기

| 정답 | ⑤

| 해설 | 거절의 의사결정은 빠를수록 좋다. 오래 지체될수록 상대방은 긍정의 대답을 기대하게 되고, 의사결정자는 거절을 하기 더욱 어려워지기 때문이다.

30 자기관리능력 자기관리의 과정 이해하기

| 정답 | ⑤

| 해설 | 자기관리의 과정은 다음과 같다.

[1단계] 비전 및 목적 정립 → [2단계] 과제 발견 → [3단계] 일정 수립 → [4단계] 수행 → [5단계] 반성 및 피드백

따라서 피드백을 한 후 수행에 반영해야 한다는 설명은 적절하지 않다.

31 자기관리능력 업무수행 성과 향상을 위한 행동 전략 알기

| 정답 | ③

| 해설 | ㉠ 10개의 비슷한 업무를 한꺼번에 처리하면 첫 번째 일을 하는데 드는 시간의 20% 정도밖에 걸리지 않을 정도로 효율적으로 일을 할 수 있다.

㉣ 회사와 팀의 업무 지침은 변화하는 환경 속에서 그 일의 전문가들에 의해 확립된 것이므로 기본적으로 지켜야 할 것은 지키되 그 속에서 자신만의 일하는 방식을 발견하는 것이 좋다.

32 자기개발능력 자기개발의 장애요인 알기

| 정답 | ①

| 해설 | A는 자신이 어떤 일을 잘할 수 있는지를 모르는 자기정보 부족, 회사 내의 색다른 업무에 대해 모르는 내부 작업정보 부족의 장애요인을 마주하였다. 외부 작업정보 부족은 다른 직업이나 회사 밖의 기회에 대해 충분히 알지 못하는 것이고, 의사결정 시 자신감 부족은 자기개발과 관련된 결정을 내릴 때 자신감이 부족한 것이다.

33 갈등관리능력 윈-윈 갈등관리법 이해하기

| 정답 | ④

| 해설 | ④는 윈-윈에 기초한 기준에 동의하는 4단계에 해당하는 내용이 아닌 두 사람의 입장을 명확히 하는 3단계에 해당한다.

34 팀워크능력 팔로워십 유형의 특징 이해하기

| 정답 | ④

| 해설 | 순응형 팔로워십의 특징은 리더나 조직을 믿고 헌신하며 조직을 위해 자신과 가족의 요구를 양보한다는 것이다. 한편, 새로운 아이디어가 없고 조직에서 인기 없는 일은 하지 않으려 한다는 평가를 받기도 한다.

| 오답풀이 |

① 주도형(모범형)은 조직의 목적 달성을 위해 자신의 역할을 적극적으로 실천하는 가장 이상적인 유형이다.

② 수동형은 판단이나 사고를 리더에게 전적으로 의존하는 유형이다. 이들은 조직이 자신의 노력과 아이디어를 원하지 않는다고 생각하고, 조직 구성원들은 이들이 제 몫을 하지 못한다고 생각한다.

③ 실무형은 모든 요소를 조금씩 갖춘 적극적인 유형으로 개인의 이익을 극대화하기 위한 흥정에 능하다.

⑤ 소외형은 독립적이고 비판적 사고를 가진 유형으로, 조직에 반대 목소리를 내지만 행동으로 나서는 적극적인 모습은 보이지 않는다. 이들은 조직이 자신을 불공정하게 대우한다고 생각하여 부정적, 냉소적 태도를 가지고 있다.

35 협상능력 리처드 셸의 협상전략 이해하기

| 정답 | ③

| 해설 | (A) 집주인은 비록 손해를 보지만 세입자와의 관계를 생각해 상대방의 요구를 일방적으로 수용했으므로 유화전략(I Lose, You Win)이다.

(B) 협상 가치가 낮다고 판단하여 철수를 선택했으므로 회피전략(I Lose, You Lose, We Lose)이다.

(C) 정과 무가 모두 만족할 수 있는 결과를 냈으므로 협력전략(I Win, You Win, We Win)이다.

36 고객서비스능력 불만 고객 대처하기

| 정답 | ④

| 해설 | A 고객은 직원의 설명이나 제품의 품질에 대해 의심이 많고 확신이 있는 말이 아니면 잘 믿지 않는다. 이러한 의심형 고객은 분명한 증거나 근거를 제시하여 스스로 확신을 갖도록 유도해야 하며, 때로는 책임자가 응대하도록 하는 것이 좋다.

| 오답풀이 |

① 옳지 않은 대처방법이다.

② 트집형 고객에게 적절한 대처방법이다.

③ 거만형 고객에게 적절한 대처방법이다.

⑤ 빨리빨리형 고객에게 적절한 대처방법이다.

37 공동체윤리 비즈니스 예절 이해하기

| 정답 | ③

| 해설 | 에티켓은 인간관계를 부드럽게 해 주는 사회적 불문율로서 형식적인 것이라면, 매너는 에티켓을 일상생활에 적용하는 방식을 말한다. 즉, 에티켓이 정해진 틀이나 형식이라면 매너는 방법이다. 따라서 임 대리의 설명은 적절하지 않다.

38 공동체윤리 서비스 이해하기

| 정답 | ①

| 해설 | 제시된 교육은 봉사와 책임의식과 관련된 내용이다. 이는 직업인으로서 기본적인 자세이지만 명시적으로 주어진 역할과 업무 이상의 사명감이 필요하다는 특징을 가진다.

39 직업윤리 직업윤리의 기본원칙 이해하기

| 정답 | ②

| 해설 | 제시된 사례에서 고객에 대해 적절하지 않은 대응을 하는 직원의 모습을 확인할 수 있다. 따라서 지켜지지 않은 직업윤리의 원칙은 고객봉사를 최우선으로 하며 현장중심, 실천중심을 내세우는 고객중심의 원칙이다.

| 오답풀이 |

① 전문성의 원칙은 전문가로서 능력과 의식을 가지고 책임을 다해야 한다는 원칙으로 자기개발이 이에 속한다.

③ 객관성의 원칙은 업무의 공공성을 바탕으로 공사를 구분하고 투명하게 업무를 처리해야 한다는 원칙이다.

④ 공정경쟁의 원칙은 법규를 준수하고 경쟁원리에 따라 공정하게 행동해야 한다는 원칙이다.

⑤ 정직과 신용의 원칙은 업무와 관련된 모든 것을 정직하게 수행하며 본분과 약속을 지켜 신뢰를 유지해야 한다는 원칙이다.

40 공동체윤리 준법정신 이해하기

| 정답 | ③

| 해설 | 제시된 자료에서 설명하고 있는 것은 준법정신이다. 준법이란 민주 시민으로서 기본적으로 지켜야 하는 의무이자 생활 자세로, 시민으로서의 자신의 권리를 보장받고 다른 사람의 권리를 보호해 주며 사회 질서를 유지하는 역할을 한다. 설문조사 결과를 통해 우리 사회는 규율의 준수와 그에 따른 책임을 지는 의식이 낮다는 것을 알 수 있다.

7회 기출예상문제

문제 226쪽

01	③	02	②	03	③	04	⑤	05	②
06	③	07	③	08	④	09	④	10	②
11	⑤	12	①	13	③	14	②	15	⑤
16	③	17	⑤	18	③	19	②	20	①
21	④	22	③	23	⑤	24	①	25	③
26	①	27	②	28	⑤	29	④	30	③
31	④	32	③	33	②	34	③	35	②
36	②	37	⑤	38	④	39	④	40	②

01 문서작성능력 제목 작성하기

| 정답 | ③

| 해설 | 보도자료는 4차 산업혁명의 철도기술혁신 국제세미나에 관한 내용이므로 제목으로 '4차 산업혁명을 대비하기 위한 철도기술혁신 세미나 개최'가 적절하다.

02 문서이해능력 글의 세부 내용 이해하기

| 정답 | ②

| 해설 | 하이퍼루프는 초고속 진공튜브 캡슐열차를 의미하며 ㉤에서 한국형 하이퍼루프인 하이퍼튜브는 저가형 항공기 속도의 절반 정도를 내는 것을 목표로 한다고 하였으므로 고가형 항공기 속도의 절반 정도를 내는 것을 목표로 한다는 내용은 적절하지 않다.

| 오답풀이 |

① ㉡에서 ☆☆철도기술연구원은 철도분야에서도 IoT(사물인터넷), 인공지능, 빅데이터 첨단기술을 연구 개발해 적용하고 있다고 하였다.

③ ㉣에서 휴먼에러로 인한 대형사고는 반드시 막아야 한다고 강조하고 있다.

④ ㉠에서 이번 국제세미나는 철도 분야의 미래신기술 개발과 기존 철도기술의 혁신을 통해 혁신성장동력을 창출하고자 마련됐다고 언급하였다.

⑤ ㉣에 오프닝 세션에서는 하이퍼루프의 중요성에 대해 강조했다고 제시되어 있다.

03 문서작성능력 문맥에 맞지 않는 문단 삭제하기

| 정답 | ③

| 해설 | ㉢은 철도 사고 예방을 위한 검사방식의 예방적 수시점검에 관한 내용으로 이는 4차 산업혁명의 철도기술혁신에 관한 내용과 거리가 멀다.

04 문서이해능력 문서이해의 절차 파악하기

| 정답 | ⑤

| 해설 | A 씨는 기사의 내용을 바탕으로 '가족의 밤'과 가족회의를 자신의 가족에도 적용할 것을 결심하였다. 이는 문서에서 이해한 목적 달성을 위해 취해야 할 행동을 생각하고 결정하기 단계에 해당된다.

05 도표분석능력 자료의 수치 분석하기

| 정답 | ②

| 해설 | 이동편의시설 개량에 투자하는 금액은 20X8년과 20X9년에 전년 대비 증가한다.

| 오답풀이 |

① 노후기반시설 개량에 투자하는 금액은 520 → 575 → 660 → 715억 원으로 매년 증가한다. 계산을 하지 않아도 노후신호설비 개량, 노후통신설비 개량에 투자하는 금액이 각각 매년 증가하므로 전체 금액도 매년 증가함을 알 수 있다.

③ LTE 기반 철도 무선망 구축에 대한 총 투자금이 3,320억 원으로 가장 많다.

④ 승강장조명설비 LED 개량에는 20X6년, 20X7년에만 투자가 이루어진다.

⑤ 구조물원격관리시스템 구축에 투자하는 금액은 20X9년이 170억 원으로 가장 많다.

06 도표작성능력 표를 그래프로 변환하기

| 정답 | ③

| 해설 | ㉠ $\frac{80-60}{60}\times 100 \fallingdotseq 33(\%)$

㉡ $\frac{550-500}{500}\times 100=10(\%)$

07 도표작성능력 표를 그래프로 변환하기

| 정답 | ③

| 해설 | 20X9년의 개량투자계획 총 투자금에서 기반시설 성능개선에 투자하는 금액이 차지하는 비중은 $\frac{1,000+40+100}{3,000}\times 100=38(\%)$이다.

08 기초연산능력 함수 계산하기

| 정답 | ④

| 해설 | $f\left(\frac{1}{10}\right)+f\left(\frac{1}{9}\right)+\cdots+f\left(\frac{1}{1}\right)+f(0)+f(1)$
$+\cdots+f(9)+f(10)$

$$=\frac{1}{\frac{1}{10}+1}+\frac{1}{\frac{1}{9}+1}+\cdots+\frac{1}{\frac{1}{1}+1}+\frac{1}{0+1}+\frac{1}{1+1}$$

$$+\cdots+\frac{1}{9+1}+\frac{1}{10+1}$$

$$=\frac{10}{11}+\frac{9}{10}+\cdots+\frac{1}{2}+\frac{1}{1}+\frac{1}{2}+\cdots+\frac{1}{10}+\frac{1}{11}$$

$$=\left(\frac{10}{11}+\frac{1}{11}\right)+\left(\frac{9}{10}+\frac{1}{10}\right)+\cdots+\left(\frac{1}{2}+\frac{1}{2}\right)+\frac{1}{1}=11$$

09 문제처리능력 문제점 개선하기

| 정답 | ④

| 해설 | 두 방식 모두 실제 측정 시의 순 주행시간이 큰 차이를 보이지 않는다. 다만, 주행 소요시간과 정차시간이 시뮬레이션에 비해 크게 늘어난 것으로 보아 열차 운행 및 역사 내 혼잡함으로 인해 예정된 시간을 초과한 것이라 추측할 수 있으므로 이 문제점을 해결하기 위해서는 열차와 역사 내의 혼잡도를 개선하는 것이 적절하다.

10 문제처리능력 자료 이해하기

| 정답 | ②

| 해설 | 기대효과 5.에서 스마트 스테이션을 통해 운영비용이 최소화된다는 것을 확인할 수 있다.

11 문제처리능력 자료 이해하기

| 정답 | ⑤

| 해설 | 시범 구축 결과를 보면 역사 평균 순회시간이 일반 역사 28분에서 스마트 스테이션 10분으로 단축되었으므로 적절하다.

| 오답풀이 |

① 스마트 스테이션에서는 지능형 CCTV를 통해 가상순찰이 가능하다.

② 긴급상황 발생 시 평균 대응 시간은 일반 역사 11분, 스마트 스테이션 3분으로 일반 역사가 더 느리다.

③ 스마트 스테이션에서는 역무원 부재 시 역사 내 지능형 CCTV, 열화상 카메라 등을 활용한 스마트 센서와 상황 인식 기반 기술로 범죄 및 테러 방지가 가능하다.

④ 스마트 스테이션에서는 3D 지도, IoT 센서, 지능형 CCTV 등이 유기적으로 기능하여 다양한 분야를 통합 관리 할 수 있다.

12 문제처리능력 자료 이해하기

| 정답 | ①

| 해설 | 범죄자를 뚜렷하게 식별할 수 있는 것은 일반 CCTV가 아니라 지능형 CCTV이다.

13 체제이해능력 조직구조의 형태 이해하기

| 정답 | ③

| 해설 | 4차 산업혁명시대는 비효율적인 조직구조에서 창의성과 효율성을 극대화하는 조직구조로의 변화를 유발한다. 이전의 조직구조를 통해서는 변화하는 환경에 능동적인 대처를 할 수 없으므로 급변하는 환경변화에 효과적으로 대응하고 제품, 지역, 고객별 차이에 신속하게 대응할 수 있는 분권화된 조직구조가 4차 산업혁명시대에 적합하다.

14 체제이해능력 조직구조의 형태 이해하기

| 정답 | ②

| 해설 | 네트워크 조직은 업무적으로 상호 의존성이 크지만 상대 부서 또는 개인과는 서로 독립성을 유지하는 조직구조로 상호 의존적 관계가 많은 조직들 간의 협력관계와 거래비용 감소 및 전통적인 관료조직의 비효율성을 회피하는 특징이 있다.

| 오답풀이 |

① 기능별 조직에 대한 설명이다.

③ 매트릭스 조직에 대한 설명이다.

④ 관료제 조직에 대한 설명이다.

⑤ 프로세스 조직에 대한 설명이다.

보충 플러스+

조직유형

1. 종적 조직 설계유형
   ① 과업중심의 설계
   - 기업형 설계 : 키맨 조직, 스컹크 조직
   - 권력분립형 설계
   - 기능별 형태 : 상호관련성 있는 업무를 동일 부서에 배치, 부서 간 의존성이 크고 상호작용 필수, 부서 간 수평적 조정 약함.
   - 부문별 형태 : 기능별 조직의 한계극복, 불안정한 환경에서 신속한 변화에 적합, 특정 분야에 대한 전문화 부족
2. 횡적 조직 설계유형
   ① 매트릭스 조직 : 전통적인 수직 구조와 현대적인 수평적 팀 구조를 겹쳐 놓음. 한 개인에게 두 상급자의 지시와 보고가 있음.
   ② 프로세스 조직 : 산출물의 생산 공정 흐름에 따라 조직설계가 이루어짐. 고객에 대한 신속하고 유연한 대응, 관리자의 권한이 축소, 핵심 프로세스를 규명하는 것이 어려움.
   ③ 네트워크 조직 : 상호 의존적 관계가 많은 조직들 간의 협력관계, 수평적이거나 수직적인 신뢰관계로 연결하는 조직 간의 계약에 바탕을 둠.
   ④ 혼합형 조직 : 다양한 조직들의 장점을 취하고 약점을 피하는 방법, 대부분의 기업에서 채택하여 사용
   ⑤ 팀 조직 : 관료제의 한계와 구성원들의 능력 개발을 위해 도입된 상호 보완적 조직
3. 이상적 조직유형
   ① 버추얼 조직 : 조직과 외부의 물리적인 공간이나 장벽이 없어진 조직
   ② 모듈형 조직 : 조직의 설계 자체를 고정시키지 않고 필요할 때 즉흥적으로 조직을 만들어 사용
   ③ 오케스트라 조직 : 분권화되어 있고 경영자는 실무자들이 효과적으로 과업을 진행할 수 있도록 지원만 해 줌.
   ④ 모래시계 조직 : 정보화시대에 중간관리자의 필요성이 줄어들어 중간관리자를 없애고 상층과 하층만으로 이루어진 조직
   ⑤ 꽃송이 조직 : 개별 구성원들이 여러 팀을 넘나들며 다양한 업무를 참여할 수 있는 조직

15 경영이해능력 흑자 전환 시기 파악하기

| 정답 | ⑤

| 해설 | 첫 달은 초기 투자금 3,000만 원만 들어가고 이후부터 매달 100만 원씩 지출된다. 반면 수익은 첫 달부터 매달 300만 원이 생긴다. 흑자로 전환되는 시기는 수익이 비용보다 많아지는 시기이므로, 사업을 진행한 기간을 n개월이라고 할 때 이에 대한 식을 정리하면 다음과 같다.

$3,000+100(n-1)<300n$

$3,000+100n-100<300n$

$2,900<200n$

$14.5<n$

따라서 15개월 차부터 A 사업은 흑자로 전환된다.

16 경영이해능력 순수익 계산하기

| 정답 | ③

| 해설 | A ~ D 사업의 3년간의 순수익을 '순수익=예상 월 수익의 합계-(초기 투자금+예상 월지출의 합계)'로 계산하면 다음과 같다.

- A 사업 : $300\times12\times0.5+300\times24-(3,000+100\times35)$ $=9,000-6,500=2,500$(만 원)
- B 사업 : $120\times12\times2+120\times24-(2,000+20\times11+20\times24\times2)=5,760-3,180=2,580$(만 원)
- C 사업 : $300\times36-(4,000+50\times35)=10,800-5,750$ $=5,050$(만 원)

• D 사업 : 200×36−(3,000+10×11×2+10×24)=7,200 −3,460=3,740(만 원)

따라서 순수익이 큰 사업을 순서대로 나열하면 C, D, B, A이다.

17 컴퓨터활용능력 프로그램 조작법 이해하기

| 정답 | ⑤

| 해설 | 재진단을 시행하지 않는 C#를 제외한 모든 System Code의 종류별로 FEV를 적용하는 단계와 재진단 프로세스에서 Error Code를 선정하는 방법을 비교하면, 재진단 프로세스는 앞서 FEV를 적용하는 Error Code로 선정되지 않은 System Code로 실행됨을 알 수 있다.

• System Code가 D#일 때에는 FEV를 적용하는 단계에서는 먼저 발견된 Error Code 3개를 순서대로 선정하고, 재진단에는 그 다음 순서로 발견된 Error Code로 실시한다.
• System Code가 E#일 때에는 SV값이 큰 순서대로 Error Code 3개를 선정하고 재진단은 그 다음으로 SV값이 큰 Error Code로 실시한다.
• System Code가 F#일 때에는 DV값이 큰 순서대로 Error Code 3개를 선정하고, 재진단은 그 다음으로 DV값이 큰 Error Code로 실시한다.

| 오답풀이 |

① System Code가 F#인 경우에는 FEV를 적용하는 단계와 재진단 프로세스 모두 Error Code의 DV를 기준으로 선정한다.
② 장치별 조정값을 합산한 FV가 0일 때 '재진단 필요'가 출력되면서 재진단 프로세스로 진행되는데, 만일 System Code가 C#라면 재진단을 시행하지 않으므로 바로 Orange를 입력해야 한다.
③ System Type은 EV를 이용하여 FEV를 지정하는데, 이때 모든 System Type에서는 DV를 제외한 값을 기준으로 한다. 한편 재진단 프로세스는 Error Code의 DV와 SV를 비교하는 방식으로 진행한다. 따라서 System Type과 진단 프로세스는 서로 그 작용요소가 다르므로 재진단 프로세스는 System Type의 영향을 받는다고 볼 수 없다.
④ 재진단 후의 FV는 System Code가 F#인 경우 최대 +2, 최소 −2가 나올 수 있다. FV의 값이 3 이상인 경우는 없다.

18 컴퓨터활용능력 프로그램 조작법 이해하기

| 정답 | ③

| 해설 | System Code가 C#, System Type이 128#이므로 나타난 모든 Error Code의 DV를 제외한 EV 중 가장 큰 두 개를 평균한 값이 FEV가 된다.

• I 장치의 SV는 20, DV를 제외한 EV 중 가장 큰 두 값은 CV와 HV 항목의 19, 12이므로 FEV는 $\frac{19+12}{2}=15.5$, SV>FEV가 되어 FV값에 −1
• U 장치의 SV는 16, DV를 제외한 EV중 가장 큰 두 값은 HV와 CV 항목의 32, 17이므로 FEV는 $\frac{32+17}{2}=24.5$, SV<FEV가 되어 FV값에 +1
• L 장치의 SV는 27, DV를 제외한 EV중 가장 큰 두 값은 IV와 HV 항목의 31, 23이므로 FEV는 $\frac{31+23}{2}=27$, SV=FEV가 되어 FV값 변동은 없다.

따라서 산출된 최종 FV값은 −1+1+0=0이며, System Code는 C#이므로 재진단은 진행하지 않아 최종 FV값은 그대로 0이므로 입력 코드는 Orange이다.

19 컴퓨터활용능력 프로그램 조작법 이해하기

| 정답 | ②

| 해설 | System Code가 D#, System Type이 32#이므로 먼저 발견된 3개의 Error Code의 DV를 제외한 EV 중에서 최댓값과 최솟값을 평균한 값이 각각의 FEV가 된다. 문제에서 먼저 발견된 3개의 Error Code는 Z 장치, X 장치, C 장치이다.

• Z 장치의 SV는 41, DV를 제외한 EV 항목 최댓값은 60, 최솟값은 7, 즉 FEV는 $\frac{60+7}{2}=33.5$이므로 SV>FEV가 되어 FV값에 −1
• X 장치의 SV는 43, DV를 제외한 EV 항목 최댓값은 78, 최솟값은 12, 즉 FEV는 $\frac{78+12}{2}=45$이므로 SV<FEV가 되어 FV값에 +1
• C 장치의 SV는 71, DV를 제외한 EV 항목 최댓값은 121, 최솟값은 21, 즉 FEV는 $\frac{121+21}{2}=71$이므로 SV=FEV가 되어 FV값 변동은 없다.

따라서 FV값은 −1+1+0=0이며, System Code가 D#이므로 네 번째로 발견된 V 장치의 Error Code로 재진단을 실시한다.

- V 장치의 Error Code의 DV는 50, SV는 52이므로 DV<SV가 되어 FV값에 −1

따라서 최종 산출된 FV값은 −1이므로 입력 코드는 Yellow이다.

20 컴퓨터활용능력 프로그램 조작법 이해하기

| 정답 | ①

| 해설 | System Code가 F#, System Type이 128#이므로 DV값이 큰 순서대로 선정한 3개의 Error Code의 DV를 제외한 EV 중 가장 큰 둘을 평균한 값이 FEV가 된다. 문제의 Error Code 중 DV값이 가장 큰 3개는 A 장치, S 장치, F 장치이다.

- A 장치의 SV는 47, DV를 제외한 EV 중 가장 큰 두 값은 CV와 IV 항목의 60, 34이므로 FEV는 $\frac{60+34}{2}=47$, SV=FEV가 되어 FV값 변동은 없다.
- S 장치의 SV는 34, DV를 제외한 EV 중 가장 큰 두 값은 IV와 HV 항목의 43, 22이므로 FEV는 $\frac{43+22}{2}=32.5$, SV>FEV가 되어 FV값에 −1
- F 장치의 SV는 3, DV는 제외한 EV 중 가장 큰 두 값은 CV와 HV 항목의 90, 12이므로 FEV는 $\frac{90+12}{2}=51$, SV<FEV가 되어 FV값에 +1

따라서 FV값은 0−1+1=0이며, System Code가 F#이므로 DV값이 네 번째로 큰 G 장치의 Error Code로 재진단을 실시한다.

- G 장치의 DV는 11, SV는 21이므로 DV<SV가 되어 FV값에 −2

따라서 최종 산출된 FV값은 −2이므로 입력 코드는 Green이다.

21 시간관리능력 자료를 바탕으로 파악하기

| 정답 | ④

| 해설 | 본사와 각 부설창고를 왕복하는 데 걸리는 최소시간을 계산하면 다음과 같다.

- a : 15×2=30(분)
- b : (10+15)×2=50(분)
- c : (5+20)×2=50(분)
- d : (5+20+10)×2=70(분)
- e : (5+20)×2=50(분)

따라서 본사와 d 창고를 왕복하는 데 최소 70분 이상이 걸린다.

| 오답풀이 |

① 본사에서 출발해 B 매장으로 물건을 납품할 때는 도로요금을 지불하지 않는다.

② 매장에서 부설창고로 이동하는 시간이 가장 짧은 곳은 A 매장으로 10분이 소요되며, 가장 긴 곳은 E 매장으로 45분이 소요된다.

③ 본사에서 E 매장까지의 이동시간은 65분이다.

⑤ 본사에서 출발하여 부설창고에서 상차하고 매장에 하차하면 납품이 완료된다. 상 · 하차 시간까지 고려하여 각 매장의 납품 완료 시간을 계산하면 다음과 같다.

- A : 15+30+10+20=75(분)
- B : (10+15)+30+(15+15)+20=105(분)
- C : (5+20)+30+30+20=105(분)
- D : (5+20+10)+30+(10+20)+20=115(분)
- E : (5+20)+30+(15+30)+20=120(분)

따라서 본사에서 출발해 가장 빠르게 납품을 완료할 수 있는 매장은 A로, 1시간 15분이 소요된다.

22 시간관리능력 소요시간 계산하기

| 정답 | ③

| 해설 | 정 사원이 이동할 경로는 '본사→c 창고→C 매장→d 창고→D 매장→본사'이다.

이동시간은 5+20+30+10+10+20+5=100(분)이고, 상 · 하차는 각각 2번씩 해야 하므로 상 · 하차에 걸리는 시간은 (30+20)×2=100(분)이다. 따라서 총 소요시간은 3시간 20분이 되며, 해당 경로에서 고가도로를 2번 지나므로 도로요금은 3,000원이다.

23 시간관리능력 소요시간 계산하기

| 정답 | ⑤

| 해설 | 두 사원이 본사에 돌아온 시간을 계산하면 다음과 같다.

- 최 사원 : 이동경로는 '본사→a 창고→A 매장→b 창고→B 매장→본사'이다. 고가도로는 지날 수 없으므로 이동시간은 15+15+10+15+15+15+15+10=110(분), 상·하차 시간은 (30+20)×2=100(분)으로 3시간 30분 후인 11시 30분에 본사로 돌아온다.
- 민 사원 : 이동경로는 '본사→e 창고→d 창고→E 매장→D 매장→본사'이다. 이동시간은 5+20+15+30+30+15+20+5=140(분), 상·하차 시간은 (30+20)×2=100(분)으로 4시간 후인 12시에 본사로 돌아온다.

따라서 본사에 더 늦게 돌아오는 직원은 민 사원이며 시각은 12시이다.

24 시간관리능력 소요시간 계산하기

| 정답 | ①

| 해설 | 박 사원의 이동경로를 '본사→b 창고→a 창고→d 창고→c 창고→F 통합매장'으로 계산하면 이동시간은 10+15+15+10+30+15+10+20+10=135(분)이다. 또한 상차는 총 4번, 하차는 1번하므로 30×4+70=190(분)이 소요된다. 따라서 납품을 완료하는 데 걸리는 시간은 325분, 즉 5시간 25분이다.

25 기술선택능력 제품 사용설명서 파악하기

| 정답 | ③

| 해설 | 급속 코스는 물높이가 자동 설정되며 2kg당 '소'에서 1단계씩 높이가 상승하므로 10kg의 경우 '중'에 LED 라이트가 켜진다.

| 오답풀이 |

① 온냉수, 물살, 물높이, 예약, 세탁, 헹굼, 탈수, 코스, 동작/정지, 전원 버튼까지 총 10개이다.

② 자동세탁 시 통세척, 이불의 경우 '고'로 설정된다.

④ 자동세탁 코스 설정 후 사용자 편의에 따라 [세탁]/[헹굼]/[탈수] 옵션 버튼을 눌러 추가 설정이 가능하다.

⑤ 전원을 켠 후 바로 [동작] 버튼을 누르면 '표준' 모드로 실행되어 세탁 1회, 헹굼 2회, 탈수 1회가 진행된다.

26 기술선택능력 제품 사용설명서 파악하기

| 정답 | ①

| 해설 | 기본 조작법에 따라 [전원] 버튼을 1회 눌러 전원을 켠다. 수동세탁의 경우 [세탁]−[헹굼]−[탈수] 순으로 버튼을 눌러야 하며 누를 때마다 횟수가 추가되므로 [세탁] 1회, [헹굼] 3회, [탈수] 1회를 눌러야 한다. 세탁물 중량이 10kg이므로 물높이는 '중'으로 설정해야 하고 기본설정이 '소'이므로 [물높이] 버튼은 4회 누르면 된다. 물살은 '약'으로 설정해야 하며 기본설정이 '중'이므로 [물살] 버튼은 2회 눌러야 한다. 마지막으로 4시간 후로 세탁을 예약하기 위해서 [예약] 버튼을 1회 누르면 3시간이므로 2회 누르고, [동작] 버튼을 1회 누르면 된다.

27 기술선택능력 고객 문의에 답변하기

| 정답 | ②

| 해설 | 고객은 자동세탁으로 불림 기능을 사용하고 헹굼을 1회 추가하고 싶다고 하였다. 따라서 [코스] 버튼을 눌러 불림을 선택하고 [헹굼] 버튼을 1회 누른 뒤 [동작] 버튼을 누른다.

28 기술선택능력 제품 사용설명서 수정하기

| 정답 | ⑤

| 해설 | 제품 사용설명서에 따르면 통세척 기능은 다음과 같다.

구분	세탁	헹굼	탈수	옵션 (온냉수/ 물살/물높이)	비고
통세척	1회	1회	1회	온수/강/고	−불림 1회당 50분 −세탁조 세척에 추천

따라서 LED 창의 물높이는 '중저'가 아닌 '고'로 표시되어야 한다.

29 자아인식능력 자아인식 방법 이해하기

| 정답 | ④

| 해설 | 자아인식 방법에 해당하는 예시는 다음과 같다.

ㄱ. 내가 아는 나 확인하기 – (라), (마)

ㄴ. 다른 사람과의 커뮤니케이션 – (가), (다)

ㄷ. 표준화된 검사 도구 – (나)

30 자기관리능력 자기관리의 과정 이해하기

| 정답 | ③

| 해설 | 우선순위를 설정하는 것은 과제 발견(2단계) 시 해야 할 일이다. 3단계에서는 하루, 주간, 월간 계획을 수립한다.

31 경력개발능력 경력개발 단계 이해하기

| 정답 | ④

| 해설 | 경력개발이라고 하면 직장(업무) 외 장소에서 새벽 시간이나 저녁시간에 하는 것을 떠올리는 경우가 많으나, 기업에는 외부에서 얻는 것보다 더 풍부한 자원(인적자원, 물적자원, 시장전략, 기술력 등)이 많이 있다.

32 경력개발능력 경력개발 최근 이슈 알기

| 정답 | ③

| 해설 | 최근 인터넷의 확산으로 공간이나 시간의 제약이 없어짐에 따라 전 세계적으로 창업이 증가하고 있는 추세이다. 창업을 하는 이유로는 정치 변화, 경제 변화, 회사생활에 대한 불만 등으로 지적되고 있다.

33 대인관계능력 감정은행계좌 잔고 쌓기

| 정답 | ②

| 해설 | 〈보기〉에 따르면 타인과의 약속을 잘 지키고 상대방을 배려하는 태도는 감정은행계좌에 잔고를 적립해 준다고 한다. 또한 예시에 따르면 사소한 칭찬으로도 타인과의 좋은 관계를 형성해 감정은행계좌에 금액을 축적할 수 있다. 따라서 사소한 일에 대한 무관심은 감정은행계좌에 금액을 적립할 수 있는 방법으로 적절하지 않다. 금액을 적립하기 위해서는 사소한 일에도 관심을 가지고 칭찬, 배려 등을 보이는 것이 적절하다.

34 팀워크능력 팀워크 저해 요소 파악하기

| 정답 | ③

| 해설 | ㄱ. 자기중심적인 이기주의는 개인주의와 같은 개념으로, 다른 사람을 배려하지 않고 자기의 편의대로 행동하는 경향을 가리킨다. 이러한 행동은 팀워크를 저해한다.

ㄷ. 좋은 팀워크를 유지하기 위해서는 나와 다른 사고방식을 지니고 있더라도 이를 이해하고 존중하는 태도를 지녀야 한다. 따라서 사고방식 차이에 대한 무시는 팀워크를 저해한다.

ㄹ. 자의식 과잉은 자기 마음의 위치에 신경을 쓰는 자의식 또는 자기에 대한 자각적 의식이 지나치게 많은 상태를 가리킨다. 자의식 과잉은 열등감, 강박감, 분열감 따위를 유발하므로 팀워크를 저해한다.

ㅁ. 파벌주의는 공적 사회에서 친분, 추종자 등의 사적 관계로 하나의 파벌을 형성해 이익의 획득을 추구하는 의식상태를 가리킨다. 질투로 인한 파벌의 형성은 팀워크를 저해한다.

| 오답풀이 |

ㄴ. 성격은 개개인마다 다르게 가지고 있는 고유의 특질이므로 무뚝뚝하다고 해서 무조건적으로 덜 좋거나 친화력이 좋다고 해서 무조건적으로 더 좋은 것이라고는 말할 수 없다. 따라서 무뚝뚝한 성격을 팀워크 저해 요인으로 보는 것은 적절하지 않다.

35 협상능력 협상에서의 실수에 대처하기

| 정답 | ②

| 해설 | 협상에서 주로 나타나는 실수와 각각에 따른 대처방안은 다음과 같다.

• 협상할 준비가 되지 않은 상태에서 협상을 시작한다(㉥).
→ 먼저 협상을 요구해 오면 준비가 아직 덜 되었다고 솔직하게 고백한다. 또한 상대방의 입장에 대해 질문하는 기회로 삼고 듣기만 하는 태도를 고수한다(㉢).

• 잘못된 상대와 협상을 진행한다(㉮).
→ 상대가 협상에 대하여 책임을 질 수 있고 타결권한을 가지고 있는 사람인지를 먼저 확인하고 협상을 시작한다(㉠). 상급자는 세부사항을 잘 모르므로 올바른 상대가 아니다.
• 특정 입장만을 고집한다.
→ 협상에 있어서 한계를 설정해 두고 그 다음의 단계를 대안으로 제시한다.
• 협상의 통제권을 잃을까 두려워한다.
→ 협상의 목적은 통제권을 확보하는 것이 아니라 함께 의견 차이를 조정하면서 최선의 해결책을 탐색하는 것임을 기억한다.
• 상대방에 대해서 너무 많은 염려를 한다.
→ 원하는 것을 얻을 수 있을지에 대해 너무 염려하지 말고 협상이 타결되기 전에 자신과 상대방이 각각 만족할 만한 결과를 얻었는지, 현실적으로 효력이 있는지, 모두가 만족할 수 있는 상황인지를 확인해 본다.
• 협상 타결에 초점을 맞추지 못한다.
→ 모든 단계에서 협상의 종결에 초점을 맞추고 항상 염두에 둔다.
• 설정한 목표와 한계로부터 벗어난다(㉯).
→ 한계와 목표를 잃지 않도록 노트에 기록하여 길잡이로 삼는다(㉣). 그러나 더 많은 것을 얻기 위해 한계와 목표를 바꾸기도 한다(㉡).

따라서 ㉤은 적절하지 않은 대처방안이다.

36 고객서비스능력 | 고객 만족도 측정하기

| 정답 | ②

| 해설 | 고객 만족을 측정하는 데 범할 수 있는 오류의 유형은 다음과 같다.

• 고객이 원하는 것을 알고 있다고 생각한다.
• 적절한 측정 프로세스 없이 조사를 시작한다.
• 비전문가로부터 도움을 얻는다.
• 포괄적인 가치에 대해서만 질문한다.
• 중요도 척도를 오용한다.
• 모든 고객들이 동일한 수준의 서비스를 필요로 한다고 가정한다.

따라서 ②는 적절하지 않은 설명이다.

37 직업윤리 | 한국인들의 직업윤리 덕목 알기

| 정답 | ⑤

| 해설 | 한국인들이 일반적으로 직업인으로서 갖추어야 할 중요한 직업윤리의 덕목으로는 책임감, 성실함, 정직함, 신뢰성, 창의성, 협조성, 청렴함이 있다. 따라서 전문성은 해당되지 않는다.

38 근로윤리 | 정직과 신용 구축하기

| 정답 | ④

| 해설 | 정직과 신용을 구축하기 위한 지침으로는 다음과 같은 것들이 있다.

• 매사에 정직한 태도로 임하며 매일 조금씩 정직과 신뢰를 쌓는다.
• 잘못된 것, 실패한 것, 실수한 것에 대해 숨기지 않고 정직하게 인정한다.
• 타인의 부정직한 행위에 대해서 눈감아 주거나 묵인하지 않는다.
• 잘못된 관행을 합리화하며 인정하지 않는다.

따라서 ④는 적절하지 않은 설명이다.

39 공동체윤리 | 서비스의 의미 이해하기

| 정답 | ④

| 해설 | S 백화점의 경영방침의 토대는 '고객접점 서비스'이다. 고객접점 서비스란 고객이 서비스 상품을 구매하기 위해서는 입구에 들어올 때부터 나갈 때까지 여러 서비스 요원과 몇 번의 짧은 순간을 경험하게 되는데, 그때마다 서비스 요원은 모든 역량을 동원하여 고객을 만족시켜 주어야 한다는 것이다. 고객접점 서비스가 중요한 것은 곱셈법칙이 작용하여 고객이 여러 번의 결정적 순간에서 단 한 명에게 0점의 서비스를 받는다면 모든 서비스가 0이 되어 버린다는 사실 때문이다.

40 공동체윤리 소개 예절 파악하기

| 정답 | ②

| 해설 | 직장에서 소개할 때 지켜야 할 예절은 다음과 같다.

- 나이가 어린 사람을 연장자에게 소개하고 내가 속한 회사에 다니는 사람을 다른 회사 사람에게 소개하고, 신참자를 고참자에게 소개해야 한다.
- 반드시 성과 이름을 함께 소개해야 한다.
- 정부 고관의 경우 퇴직을 한 후에도 직급명을 그대로 사용한다.
- 각자의 관심사, 최근의 성과에 대해 간단히 언급하는 것이 좋다.
- 상대방이 항상 사용하는 경우라면, Dr. 또는 Ph.D 등의 칭호를 함께 언급한다.
- 비즈니스에서 사용하는 별칭이 아니라면 사용하지 않는다.

따라서 ②는 적절하지 않은 설명이다.

8회 기출예상문제 문제 260쪽

01	③	02	②	03	⑤	04	②	05	④
06	③	07	⑤	08	②	09	⑤	10	⑤
11	②	12	②	13	⑤	14	②	15	⑤
16	④	17	④	18	①	19	③	20	⑤
21	②	22	⑤	23	③	24	②	25	④
26	②	27	⑤	28	③	29	②	30	⑤
31	③	32	①	33	②	34	④	35	④
36	③	37	⑤	38	②	39	③	40	④

01 문서이해능력 세부 내용 이해하기

| 정답 | ③

| 해설 | 철도운영자와 시설관리자가 안전교육을 위탁할 수 있도록 안전전문기관을 지정한다는 내용은 제시되어 있지만 철도종사자 안전교육을 위탁받은 지정 기관명이 제시되지 않았다.

| 오답풀이 |

① 철도종사자 안전교육의 내용 및 이수시간은 Ⅱ－1－다에 제시되어 있다.

② 철도종사자 안전교육을 받아야 하는 대상자는 Ⅱ－1－나에 제시되어 있다.

④, ⑤ 철도차량에 대한 불법 개조 작업에 대한 행정처분 내용과 철도차량에 대한 개조 작업을 수행할 수 있는 자격요건은 Ⅱ－2－나에 언급되어 있다.

02 문서이해능력 글의 내용 도식화하기

| 정답 | ②

| 해설 | Ⅱ－2－나에서 먼저 철도차량을 소유하거나 운영하는 자는 개조 착수 20일 전까지 개조 범위, 사유 등을 첨부하여 국토부장관에게 신청(개조 신청)한 후, 개조 작업 기술력에 대한 검토(사전기술검토)를 받아야 한다고 하였다. 그다음 개조 작업을 진행하고, 개조 작업을 실시한 철도차량에 대하여 국토부장관이 '철도차량기술기준(고시)'의 적합성 여부를 검사(개조승인검사)하여, 적합한 경우 승인

운행한다. 따라서 철도차량 개조 절차는 '개조 신청－사전 기술검토－개조 작업－개조승인검사－승인 운행'이다.

03 문서이해능력 세부 내용 이해하기

| 정답 | ⑤

| 해설 | 예산안 주요 특징의 2. 노후시설 개량, 안전시설 확충 등을 위한 철도안전 투자 강화를 보면 도시철도(서울·부산) 노후 시설물 개량 지원을 566억 원으로 확대한다고 하였으므로 노후 시설물 개량 지원이 새로 지원되는 사업이란 설명은 적절하지 않다.

| 오답풀이 |

① 예산안 주요 특징 1, 2를 보면 수도권 교통 혼잡 완화 및 철도안전을 위한 투자가 이번 예산안의 주요 내용임을 알 수 있다.

② 예산안 주요 특징 1의 각주를 보면 GTX를 통해 수도권 외곽지역에서 서울 도심까지 30분 내로 이동 가능하다는 것을 알 수 있다.

③ 첫 번째 문단을 보면 철도안전 분야 예산을 큰 폭으로 증액(10,360 → 15,501억 원)하였음을 알 수 있다.

④ 예산안 주요 특징 1을 보면 수도권의 만성적인 교통난으로 인한 시민 불편을 획기적으로 개선하기 위해 수도권광역급행철도(GTX) 및 신안산선 등 광역철도 건설 사업이 진행된다고 하였다.

04 문서작성능력 빈칸에 들어갈 내용 추론하기

| 정답 | ②

| 해설 | 예산안 주요 특징 2를 보면 시설물을 안전하게 관리하고 장애 발생 시 보다 신속히 대처할 수 있도록 IoT(사물인터넷) 기반 원격제어, 센서 등을 활용한 스마트 기술을 도입할 예정이라고 하였으므로 ㉠에 들어갈 내용은 ②가 적절하다.

05 기초연산능력 비례식 계산하기

| 정답 | ④

| 해설 | A4용지의 세로 길이를 x, 가로 길이를 y라 하면, A5용지의 세로 길이는 A4용지의 가로 길이인 y, 가로 길이는 A4용지 세로 길이의 절반인 $\frac{x}{2}$이다. 모든 등급들의 가로 길이와 세로 길이 비율은 동일하다고 했으므로,

$$x : y = y : \frac{x}{2}$$

$$y^2 = \frac{x^2}{2}$$

$$y = \frac{x}{\sqrt{2}} = \frac{x}{1.4}$$

따라서 복사기 제어판에 표시되는 축소 비율은

$y : \frac{x}{2} = \frac{x}{1.4} : \frac{x}{2} = 1 : 0.7$, 즉 70%이다.

06 도표분석능력 표의 빈칸 채우기

| 정답 | ③

| 해설 | '지연운행 발생 현황'의 ㉠, ㉡에 들어갈 수치를 계산하면 다음과 같다.

㉠ 245－3－14－119－67＝42(건)

㉡ 259－1－4－55－1－51＝147(건)

따라서 ㉠, ㉡에 들어갈 값의 합은 42＋147＝189이다.

07 도표분석능력 자료의 수치 분석하기

| 정답 | ⑤

| 해설 | 선로장애/급전장애/신호장애로 인한 지연운행 발생 건수는 235건으로, 차량고장(675건), 기타(370건)에 이어 세 번째로 많다.

| 오답풀이 |

① 자료의 기간 동안 정지신호 위반운전으로 인한 운행장애는 1＋1＋2＋1＋5＝10(건) 발생하였다.

② 자료의 기간 동안 무허가 구간 열차운행, 위험물 누출 사건으로 인한 운행장애는 모두 2건씩 발생하였다.

③ 20X5년에 차량파손으로 인한 운행장애가 1건 발생하였다.

④ 20X8년에는 전년과 동일한 4건이 발생하였다.

08 도표작성능력 표를 그래프로 변환하기

| 정답 | ②

| 해설 | 20X5 ~ 20X9년 운행장애 발생건수는 다음과 같다.

- 20X5년 : 2+253=255(건)
- 20X6년 : 1+245=246(건)
- 20X7년 : 4+259=263(건)
- 20X8년 : 2+231=233(건)
- 20X9년 : 10+347=357(건)

따라서 자료와 일치하지 않는 그래프이다.

| 오답풀이 |

① 20X5 ~ 20X9년 위험사건 발생건수는 다음과 같다.
- 20X5년 : 1+1=2(건)
- 20X6년 : 1건
- 20X7년 : 2+2=4(건)
- 20X8년 : 1+1=2(건)
- 20X9년 : 1+5+2+1+1=10(건)

따라서 바르게 그려진 그래프이다.

④ 20X7 ~ 20X9년 지연운행 중 선로장애/급전장애/신호장애로 인한 지연운행 비중은 다음과 같다.
- 20X7년 : $\frac{55}{259} \times 100 ≒ 21(\%)$
- 20X8년 : $\frac{49}{231} \times 100 ≒ 21(\%)$
- 20X9년 : $\frac{61}{347} \times 100 ≒ 18(\%)$

따라서 바르게 그려진 그래프이다.

⑤ 20X5 ~ 20X9년 지연운행 중 기타로 인한 지연운행 비중은 다음과 같다.
- 20X5년 : $\frac{98}{253} \times 100 ≒ 39(\%)$
- 20X6년 : $\frac{67}{245} \times 100 ≒ 27(\%)$
- 20X7년 : $\frac{51}{259} \times 100 ≒ 20(\%)$
- 20X8년 : $\frac{67}{231} \times 100 ≒ 29(\%)$
- 20X9년 : $\frac{87}{347} \times 100 ≒ 25(\%)$

따라서 바르게 그려진 그래프이다.

09 문제처리능력 자료 이해하기

| 정답 | ⑤

| 해설 | 1. 추진 배경을 통해 BIM기반 통합운영시스템 개발 및 구축에 관한 연구가 스마트 건설 로드맵을 반영하여 작성된 것임을 확인할 수 있다.

10 문제처리능력 자료 추론하기

| 정답 | ⑤

| 해설 | 2. 과제 개요 – 연구수행체계를 보면 연구과제는 세부 1 ~ 3으로 총 3개이며, 각 세부과제는 3단계로 제시되어 있음을 알 수 있다.

| 오답풀이 |

① 1. 추진 배경을 보면 4차 산업혁명 기술을 적용한 철도 건설 산업의 생산성 향상 및 안전성 강화 필요에 의해 추진된 사업이므로 기술적인 기대효과가 존재한다.

② 정부투자금액은 2025년에 전년 대비 감소한다.

③ 연구기간은 2021년 4월부터 2025년 12월까지이므로 약 4년 동안 진행된다.

④ 특정 연구단을 지칭하지 않았다.

11 문제처리능력 자료 분석하기

| 정답 | ②

| 해설 | 2. 과제 개요 – 연구수행체계의 세부 1을 보면 철도 인프라 BIM 적용 현장 구축 및 운영으로 명시되어 있으므로 ㉡은 현장 구축 및 운영이 적절하다.

12 사고력 진실을 말한 사람 찾기

| 정답 | ②

| 해설 | B사 직원이 거짓말을 했을 경우를 정리하면 다음과 같다.

– A사 직원의 말에 의해 E>A
– D사 직원의 말에 의해 E>A>D
– C사 직원의 말에 의해 C>E>A>D
– B사 직원의 말이 거짓이므로 C>E>A>D≥B

따라서 E사 직원의 말과 모순이 되므로 B사 직원은 진실을 말했다고 확신할 수 있다.

13 경영이해능력 대리인 문제 이해하기

| 정답 | ⑤

| 해설 | 대리인 문제는 개인이나 집단의 의사결정 과정을 다른 사람에게 위임하였을 때 대리인을 고용한 위임자와 대리인 간의 이해관계가 충돌하여 생기는 문제를 말한다. 대리인 문제를 해결하기 위해서 내부적으로 사외이사제도와 주식매수 선택권(스톡옵션)이 있고 외부적으로는 법적 규제제도(투자자 보호를 위한 사법제도)와 M&A 등이 있다.

14 경영이해능력 성과 기준 이해하기

| 정답 | ②

| 해설 | 〈성과 기준표〉에 의해서 각 영업팀별 평가 기준을 $\frac{\text{금년 매출액}}{\text{본부 제시 목표 실적}} \times 100$으로 계산하여 평가 등급을 나누면 다음과 같다.

구분	팀별 성과 평가 기준	평가 등급
영업 1팀	$\frac{6,000}{6,500} \times 100 \fallingdotseq 92.3(\%)$	C
영업 2팀	$\frac{4,500}{5,300} \times 100 \fallingdotseq 84.9(\%)$	D
영업 3팀	$\frac{8,000}{7,500} \times 100 \fallingdotseq 106.7(\%)$	B
영업 4팀	$\frac{6,000}{6,000} \times 100 = 100(\%)$	B
영업 5팀	$\frac{6,000}{6,000} \times 100 = 100(\%)$	B

따라서 가장 낮은 등급은 받은 팀은 영업 2팀이다.

15 경영이해능력 목표 실적 파악하기

| 정답 | ⑤

| 해설 | 〈팀 제시 목표 실적〉과 〈팀별 영업 매출 보고서〉를 통해 전년 대비 매출액 증가율을 계산하면 다음과 같다.

구분	전년 대비 매출액 증가율
영업 1팀	$\frac{6,000-5,500}{5,500} \times 100 \fallingdotseq 9.1(\%)$
영업 2팀	$\frac{4,500-4,000}{4,000} \times 100 = 12.5(\%)$
영업 3팀	$\frac{8,000-6,500}{6,500} \times 100 \fallingdotseq 23.1(\%)$
영업 4팀	$\frac{6,000-4,500}{4,500} \times 100 \fallingdotseq 33.3(\%)$
영업 5팀	$\frac{6,000-5,000}{5000} \times 100 = 20(\%)$

따라서 팀에서 제시한 목표 실적을 달성한 팀은 영업 3팀, 4팀, 5팀이다.

16 경영이해능력 실적 달성 여부 파악하기

| 정답 | ④

| 해설 | 각 팀별로 점수를 계산하면 다음과 같다.

구분	본부 제시 목표	팀 제시 목표	매출액 향상	계
영업 1팀	0	0	0	0
영업 2팀	0	0	0	0
영업 3팀	3	1	5	9
영업 4팀	3	1	5	9
영업 5팀	3	1	4	8

영업 3팀과 영업 4팀이 9점으로 같은 점수이지만 전년 대비 금년 매출액의 증가율이 영업 4팀(33.3%)이 영업 3팀(23.1%)보다 크므로 성과급은 영업 4팀이 받게 된다.

17 컴퓨터활용능력 시스템 모니터링 코드 이해하기

| 정답 | ④

| 해설 |
- ErrorAlert C_H30 1 : 30×1×2=60
- ErrorAlert S_j30 −1 : 30×(−1)×1=−30
- ErrorAlert S_y30 0.5 : 30×0.5×1 =15

따라서 Result Value는 60+(−30)+15=45로 '위험'에 해당하므로 'M8nta'을 입력해야 한다.

18 컴퓨터활용능력 시스템 모니터링 코드 이해하기

| 정답 | ①

| 해설 | • ErrorAlert S_P100 0.5 : 100×0.5×1=50

• ErrorAlert C_i200 1 : 200×1×0=0

• ErrorAlert S_G300 −1.5 : 300×(−1.5)×1=−450

따라서 Result Value는 50+0+(−450)=−400으로 '안전'에 해당하므로 'Whit3'을 입력해야 한다.

19 컴퓨터활용능력 시스템 모니터링 코드 이해하기

| 정답 | ③

| 해설 | • ErrorAlert S_f5 −5 : 5×(−5)×1=−25

• ErrorAlert S_a4 8 : 4×8×1=32

• ErrorAlert S_t2 9 : 2×9×1=18

따라서 Result Value는 (−25)+32+18=25로 '경고'에 해당하므로 '7ello'을 입력해야 한다.

20 컴퓨터활용능력 시스템 모니터링 코드 이해하기

| 정답 | ⑤

| 해설 | • ErrorAlert C_Y11 0 : 11×0×2=0

• ErrorAlert S_r22 0 : 22×0×1=0

• ErrorAlert C_G33 1 : 33×1×2=66

따라서 Result Value는 0+0+66=66으로 '정지'에 해당하므로 '8lack'을 입력해야 한다.

21 인적자원관리능력 규칙에 맞게 근무지 배치하기

| 정답 | ②

| 해설 | 희망 근무지로 강원도를 선택한 나 직원과 다 직원, 제주도를 선택한 마 직원은 희망 근무지 그대로 배치된다.

희망 근무지로 서울을 선택한 직원은 가, 차, 타 직원이며 한 근무지당 2명의 직원만 배치되어야 하므로 1명은 서울로 배치될 수 없다. 고속전호 업무를 하는 차 직원과 타 직원이 우선 배치되어야 하는데, 이때 한 근무지에 배치된 직원들은 업무 분야가 달라야 하며 분야가 동일할 경우 경력이 많은 순으로 우선 배치하므로 서울에 배치되는 직원은 가 직원과 타 직원이다.

희망 근무지로 경기도를 선택한 직원은 라, 사, 자 직원이며 마찬가지로 1명은 경기도로 배치될 수 없다. 고속전호 업무를 하는 라 직원이 우선 배치되고, 다음으로 입환유도 업무를 하는 사 직원과 자 직원 중 경력이 더 많은 사 직원이 배치된다. 따라서 경기도에 배치되는 직원은 라 직원과 사 직원이다.

희망 근무지로 부산을 선택한 직원은 바, 아, 카 직원이며 세 명의 직원 모두 구내운전 업무를 하므로 이 중 경력이 가장 많은 카 직원만 부산으로 배치된다.

〈근무지 배치 규칙〉에 따라 희망 근무지에 배치되는 직원을 정리하면 다음과 같다.

직원	희망 근무지	직원	희망 근무지
가	서울	사	경기도
나	강원도	아	부산
다	강원도	자	경기도
라	경기도	차	서울
마	제주도	카	부산
바	부산	타	서울

22 인적자원관리능력 규칙에 맞게 근무지 배치하기

| 정답 | ⑤

| 해설 | **21**의 해설을 참고할 때 선택지 중 희망 근무지에 배치되는 직원은 카 직원이다.

23 인적자원관리능력 규칙에 맞게 근무지 배치하기

| 정답 | ③

| 해설 | 주어진 규칙에 따라 희망 근무지에 배치된 직원을 제외하면, 남은 직원들(바, 마, 자, 차)은 희망자가 미달인 제주도(1명), 부산(1명), 광주(2명) 중 한 곳에 배치된다. 우선 배치 업무분야에 따라 입환유도 업무를 하는 자 직원이 남은 세 지역 중 가장 평점이 높은 광주에 배치된다. 다음으로 구내운전 업무를 하는 바 직원(경력 4년)과 아 직원(경력 2년) 중 경력이 적은 아 직원이 우선 배치되어야 하는데, 먼저 광주에 배치된 자 직원의 경력이 4년 이상이 되지 않으므로 아 직원은 광주에 배치될 수 없다. 그 다음으

로 평점이 높은 부산에는 같은 업무분야 직원이 배치되어 있으므로, 아 직원은 제주도에 배치된다. 이어 바 직원은 광주에 배치되고, 차 직원은 부산에 배치된다.

최종 배치된 근무지를 정리하면 다음과 같다.

직원	근무지	직원	근무지
가	서울	사	경기도
나	강원도	아	제주도
다	강원도	자	광주
라	경기도	차	부산
마	제주도	카	부산
바	광주	타	서울

따라서 마 직원과 같은 근무지에 배치되는 직원은 아 직원이다.

24 예산관리능력 우선순위에 따라 업체와 품목 선정하기

| 정답 | ②

| 해설 | 직원 선호도 순위와 단체복 주문 시 제품별 업체별 총 금액은 다음과 같다.

품목	직원 선호도 순위	A 업체 (원)	B 업체 (원, 10% 할인)
라운드넥 티셔츠	3	600,000	585,000
칼라넥 티셔츠	2	700,000	787,500
집업 점퍼	1	1,100,000	900,000
플리스 점퍼	4	1,250,000	990,000

직원 선호도 순위를 최우선으로 고려하여 선정해야 하나, 다음 순위 품목의 총 구매 금액이 우선 품목 대비 20% 이상 저렴한 경우에는 다음 순위 품목을 선정한다는 조건을 반영한다. 먼저, 직원 선호도 1순위인 집업 점퍼와 2순위인 칼라넥 티셔츠를 비교하는데, 동일한 품목에서 총 구매금액이 더 저렴한 업체를 선정하므로 집업 점퍼는 B 업체를, 칼라넥 티셔츠는 A 업체를 기준으로 한다. $\frac{700,000}{900,000} \times 100$ ≒ 77.8(%)로, 칼라넥 티셔츠가 집업 점퍼보다 약 22% 저렴하므로 이때 칼라넥 티셔츠가 선택된다.

이어서, 직원 선호도 3순위인 라운드넥 티셔츠와 칼라넥 티셔츠를 비교한다. $\frac{585,000}{700,000}$ ≒ 83.6(%)로, 라운드넥 티셔츠가 약 16% 저렴하다. 따라서 최종 선정될 품목은 칼라넥 티셔츠이며 업체는 A 업체이다.

25 기술선택능력 점검일지 파악하기

| 정답 | ④

| 해설 | 점검 주기가 가장 긴 항목은 포장기의 운전부 중 온도 센서 점검, 용수탱크의 본체 균열 · 누수 여부 점검 두 항목이다.

| 오답풀이 |

① 검출기의 컨베이어 벨트는 나머지 둘과 다른 날 점검했다.

② 냉 · 난방온도 센서는 4일 간격으로 점검하고 있다.

③ 용수탱크는 설비 청소 상태를 점검하지 않는다.

⑤ 검출기는 16일에 검사한 항목이 없다.

26 기술선택능력 점검항목 나열하기

| 정답 | ②

| 해설 | 4월 1일에 점검해야 할 항목은 컨베이어 벨트의 설비 청소 상태, 살균 · 냉각조의 냉 · 난방온도 센서, 살균 · 냉각조의 수위 조절 레벨, 용수탱크의 램프 작동 여부, 용수탱크의 수질 상태 체크이다.

27 기술선택능력 점검계획 수립하기

| 정답 | ⑤

| 해설 | 박 과장의 조언을 반영하여 4월의 점검일을 정리하면 다음과 같다.

구분			일지						
설비		점검 항목	4/4	4/8	4/12	4/16	4/20	4/24	4/28
세척기	모터부	모터 작동 여부	✓				✓		
		체인의 마모 상태	✓				✓		
		구리스 주입 상태	✓			✓			✓
	세척부	설비 청소 상태	✓			✓			✓

포장기	운전부	베어링	✓			✓			✓
		온도 센서	✓						✓
	컨베이어 벨트	설비 청소 상태	✓			✓			✓
열처리기	살균 · 냉각조	냉 · 난방온도 센서	✓				✓		
		수위 조절 레벨	✓				✓		
		설비 청소 상태	✓			✓			✓
검출기	금속 검출기	모터 작동 상태	✓				✓		
		컨베이어 벨트	✓				✓		
		검출센서	✓				✓		
		설비 청소 상태	✓				✓		
용수 탱크	용수 탱크	주위 청소 상태	✓			✓			✓
		본체 균열 · 누수 여부	✓						✓
		배관 오염 여부	✓					✓	
		녹 등 침식물 여부	✓			✓			✓
		월류관 파손 여부	✓			✓			✓
		램프 작동 여부	✓				✓		
		수질 상태 체크	✓			✓			✓

따라서 열처리기의 살균 · 냉각조의 냉 · 난방온도 센서 점검과 용수탱크의 램프 작동 여부의 점검은 같은 주기로 진행됨을 알 수 있다.

| 오답풀이 |

① 4월 24일에는 용수탱크의 배관 오염 여부를 점검해야 한다.

② 용수탱크의 수질 상태 체크는 4월 4일과 16일, 배관 오염 여부는 4월 4일과 24일에 점검한다.

③ 열처리기의 모든 점검 항목을 한 번에 점검하는 날은 4월 4일 하루이다.

④ 살균 · 냉각조의 설비 청소 상태 점검 주기는 12일, 금속검출기의 설비 청소 상태 점검 주기는 16일이다.

28 기술능력 지속가능한 발전의 사례 파악하기

| 정답 | ③

| 해설 | 지속가능한 기술은 환경보호와 중심적인 요소이다. 그리고 'ICT 및 데이터분석을 통한 기계설비의 과학적 유지'는 환경보호와는 거리가 멀다.

29 자아인식능력 조하리의 창 이해하기

| 정답 | ②

| 해설 | ㄴ은 자신의 습관이나 행동을 다른 사람들은 알고 있는데 본인은 바르게 인지하지 못하는 영역인 눈먼 자아의 사례이다.

| 오답풀이 |

①, ③ ㄱ은 공개된 자아, ㄷ은 숨겨진 자아의 사례로 두 영역 모두 자신에 대해 잘 알고 있으며, 타인이 자신에 대해서 잘 파악하고 있는가에 따라 구분된다.

④ ㄷ은 숨겨진 자아에 해당하는 사례로 상대방의 말을 잘 경청하고 수용적이며 속이 깊고 신중함을 보이지만 자신의 이야기나 속마음은 잘 드러내지 않는 경향이 있다.

⑤ ㄹ은 아무도 모르는 자아의 사례로 이에 해당하는 사람은 대체로 심리적인 고민이 많고 인간관계에 소극적이며 고립된 생활을 하는 경우가 많다. 따라서 자신에 대한 지속적인 관심과 피드백을 통해 공개된 자아 영역으로 넓히거나 자아성찰을 통해 의식전환을 할 필요가 있다.

30 자기관리능력 업무수행 성과를 높이는 행동전략 알기

| 정답 | ⑤

| 해설 | 다른 사람이 일하는 방식과 다른 방식으로 생각하다 보면 다른 사람이 발견하지 못한 더 좋은 해결책을 발견하는 경우도 있다. 다른 사람이 생각하는 순서와 거꾸로 생각해보고 다른 사람이 하는 일을 새로운 관점으로 본다면 창의적으로 보다 쉽게 처리할 수 있으며 업무 성과도 높일 수 있다.

31 자기관리능력 거절의 의사결정 표현 방법 알기

| 정답 | ③

| 해설 | 거절의 의사결정은 빠를수록 좋다. 의사결정이 오래 지체될수록 상대방은 긍정의 대답을 기대하게 되고, 의사결정자는 거절을 하기 더욱 어려워진다.

32 경력개발능력 경력개발의 필요성 알기

| 정답 | ①

| 해설 | 경력개발이 필요한 이유는 다음 세 가지 차원으로 나눌 수 있다.

- 환경 변화 : 삶의 질 추구(ㅁ), 인력난 심화 및 중견사원 이직 증가(ㅅ), 지식 정보의 빠른 변화
- 조직 요구 : 능력주의 문화(ㄱ), 직무환경 변화(ㄷ), 승진 적체(ㄹ), 경영전략 변화
- 개인 요구 : 발달 단계에 따른 가치관, 신념 변화(ㄴ), 전문성 축적 및 성장 요구 증가(ㅂ), 개인의 고용시장 가치 증대(ㅇ)

33 리더십능력 코칭 과정 파악하기

| 정답 | ②

| 해설 | 코칭이란 코치와 코치를 받는 사람이 파트너를 이뤄서 스스로 목표를 설정하고 효과적으로 달성하며 성장할 수 있도록 지원하는 과정이다. 코칭이 이루어지는 과정은 다음과 같다.

1. 시간을 명확히 알린다(㉠).
2. 목표를 정확히 밝힌다.
3. 핵심적인 질문으로 효과를 높인다(㉡).
4. 질문에 대한 답변을 적극적으로 경청한다.
5. 반응을 이해하고 인정한다.
6. 직원 스스로 해결책을 찾도록 유도한다(㉢).
7. 코칭의 과정을 반복한다.
8. 인정할 만한 일은 확실히 인정한다(㉣).
9. 결과에 따른 후속 작업에 집중한다(㉤).

따라서 ㉡ 단계에는 '핵심적인 질문으로 효과를 높인다'가 적절하다.

34 갈등관리능력 갈등을 파악하는 단서 알기

| 정답 | ④

| 해설 | 갈등을 파악할 수 있는 단서로는 다음과 같은 것들이 있다.

- 지나치게 감정적으로 논평을 하며 서로에게 제안을 한다.
- 타인의 의견에 대한 발표가 끝나기도 전에 타인의 의견에 대해 공격부터 한다.
- 서로의 입장에 대한 핵심을 이해하지 못했음을 이유로 서로를 비난한다.
- 편을 가르고 다른 편과 타협하기를 거부한다.
- 개인적인 수준에서 미묘한 방식으로 서로를 공격한다.

따라서 집단적인 수준에서 통계적인 방식으로 서로를 공격한다는 설명은 적절하지 않으며 갈등을 파악할 수 있는 단서로는 ㄱ, ㄴ, ㄷ, ㅁ이 적절하다.

35 협상능력 협상의 인식 차원 이해하기

| 정답 | ④

| 해설 | 의사결정 차원에서 바라보는 협상은 둘 이상의 이해당사자들이 여러 가지의 대안들 가운데서 모든 이해당사자들이 수용할 수 있는 대안을 찾기 위한 과정이다. 따라서 의사결정 차원에서 협상을 대하고 있는 구매자는 정이다.

| 오답풀이 |

① 갑은 의사소통 차원에서 협상을 바라보고 있다. 의사소통 차원에서 바라보는 협상은 이해당사자들이 자신의 욕구를 충족시키기 위해 상대방으로부터 최선의 것을 얻어내기 위해 상대방을 설득하는 의사소통의 과정이다.

② 을은 갈등해결 차원에서 협상을 바라보고 있다. 갈등해결 차원에서 바라보는 협상은 갈등 관계에 놓여 있는 이해당사자들이 대화를 통해서 갈등을 해결하고자 하는 상호작용의 과정이다.

③ 병은 지식과 노력 차원에서 협상을 바라보고 있다. 지식과 노력 차원에서 바라보는 협상은 얻고자 하는 것을 어떻게 하면 다른 사람들보다 더 우월한 지위를 점유하면서 얻을 수 있을 것인가 등에 관련된 지식이며 노력의 장이다.

⑤ 무는 교섭 차원에서 협상을 바라보고 있다. 교섭 차원에서 바라보는 협상은 서로 다른 이해당사자들이 합의점에 도달하기 위해 공동으로 의사결정을 하는 과정이다.

36 고객서비스능력 고객 만족 조사방법 알기

| 정답 | ③

| 해설 | 심층면접법의 특징은 다음과 같다.

- 일대일 대면접촉에 의해 응답자의 잠재된 동기, 신념, 태도 등을 발견하는 데 유용하다.
- 30분에서 1시간 정도의 비교적 긴 시간이 소요된다.
- 다른 방법을 통해 포착할 수 없는 심층적인 정보를 경험적으로 얻을 수 있다.
- 독특한 정보를 얻을 수 있다.
- 면접의 결과를 사실과 다르게 해석할 가능성이 있다.

설문조사의 특징은 다음과 같다.

- 비교적 빠른 시간 내에 조사를 실시할 수 있다.
- 조사결과를 통계적으로 처리할 수 있다.
- 응답자들이 쉽게 이해할 수 있는 말로 질문을 구성해야 한다.

따라서 ㄱ, ㄷ, ㄹ은 설문조사, ㄴ, ㅁ, ㅂ은 심층면접법의 특징이다.

37 근로윤리 정직 이해하기

| 정답 | ⑤

| 해설 | 정직은 신뢰를 형성 및 유지하고 사람과 사람이 협력하는 데 있어 필요한 가장 기본적인 규범이다. 정직함이 몸에 배인 사람은 조급하거나 가식적이지 않으며 숨길 것도 두려울 것도 없다. 정직한 사람은 자신의 삶을 올바른 방향으로 이끌 수 있는 생각과 시각을 지니고 있다. 이러한 정직은 정보 사회에서는 더욱 필요불가결하다. 하지만 우리나라의 정직 수준은 아직 완벽하지 못하다. 여기엔 원칙보다는 집단 내의 정과 의리를 소중히 여기는 문화적 정서도 그 원인 중 하나이다.

따라서 ㄱ, ㄴ, ㄷ, ㄹ, ㅁ 모두 적절한 설명이다.

38 직업윤리 개인윤리와 직업윤리 이해하기

| 정답 | ②

| 해설 | 직업윤리는 개인윤리의 연장선에 있지만, 개인윤리에 비해 자주성과 특수성을 가지고 있다. 그 대표적인 예로 개인윤리의 덕목에서는 타인에 대한 물리적 행사가 절대 금지되어 있지만 경찰이나 군인 등의 경우 필요한 상황에서는 그것이 허용된다는 점을 들 수 있다. 이와 같은 개인윤리와 직업윤리의 조화는 다음과 같이 이루어진다.

- 업무상 개인의 판단과 행동이 사회적으로 영향력이 큰 기업시스템을 통하면서 다수의 이해관계자와 관련을 가지게 된다.
- 수많은 사람들이 관련되어 고도화된 공동의 협력을 요구하므로, 맡은 역할에 대한 책임 완수와 정확하고 투명한 일 처리가 요구된다.
- 규모가 큰 공동의 재산, 정보 등을 개인의 권한하에 위임, 관리하므로 높은 윤리의식이 요구된다.
- 직장이라는 특수한 상황에서 가지는 집단적 인간관계는 가족관계, 개인적 선호에 의한 친분 관계와는 다른 측면의 배려가 요구된다.
- 기업은 경쟁을 통하여 달성한 것에 대해 사회적 책임을 다하고, 보다 강한 경쟁력을 위하여 조직원 개개인의 역할과 능력이 경쟁상황에서 적절하게 그리고 꾸준히 향상되어야 한다.
- 각각의 직무에서 오는 특수한 상황에서는 개인윤리 차원의 일반적인 상식과 기준으로는 규제할 수 없는 경우가 많다.

따라서 카드 2에 적힌 설명이 적절하지 않다.

39 근로윤리 근면에 필요한 자세 알기

| 정답 | ③

| 해설 | 근면은 게으르지 않고 부지런한 것을 의미하며, 근면함은 성공을 이루게 하는 기본 조건이다. 근면의 종류로는 외부로부터 강요당한 근면과 스스로 자진해서 하는 근면이 있는데, 보다 바람직한 것은 적극적이고 능동적인 자세로 근면함을 유지하는 '스스로 자진해서 하는 근면'이라고 할 수 있다. 따라서 C의 설명이 가장 적절하다.

40 공동체윤리 명함 교환 예절 알기

| 정답 | ④

| 해설 | 명함을 주고받을 때 유의할 점은 다음과 같다.

- 명함은 새것을 사용하여야 한다.
- 명함은 반드시 명함 지갑에서 꺼내고 상대방에게 받은 명함도 명함 지갑에 넣어야 한다.
- 상대방에게 명함을 받으면 받은 즉시 호주머니에 넣지 않고 명함에 대해 한두 마디의 대화를 건네는 것이 좋다.
- 명함은 하위에 있는 사람이 먼저 꺼내고, 상위자에 대해서는 왼손으로 가볍게 받치는 것이 예의이다.
- 쌍방이 명함을 동시에 꺼낼 경우 왼손으로 서로 교환하고 오른손으로 옮겨진다.
- 명함에 부가 정보를 적을 경우 상대방과의 만남이 끝난 후에 적어야 한다.

따라서 ④가 적절하지 않은 행동이다.

서울교통공사 NCS
기출예상모의고사